Groep 8 rocks!

GROEP 8 *ROCKS!*

Verhalen van: **Tosca Menten, Evelien Feltzer, Sanne Rooseboom, Sander Meij, Marc ter Horst, Joke Reijnders, Thomas Olsthoorn, Janneke Schotveld, Esther Walraven en Fedor de Beer**

VAN HOLKEMA & WARENDORF

ISBN 978 90 00 38763 2
ISBN 978 90 00 38764 9 (e-book)
NUR 283

www.de-leukste-kinderboeken.com

Tekst: Tosca Menten, Evelien Feltzer, Sanne Rooseboom, Sander Meij, Marc ter Horst, Joke Reijnders, Thomas Olsthoorn, Janneke Schotveld, Esther Walraven en Fedor de Beer
Ontwerp omslag, binnenwerk en illustraties: bij Barbara
Zetwerk: Mat-Zet bv, Huizen

INHOUD

Tosca Menten

DE BEUK ERIN

Ik ben Peer en ik hou niet zo van drukte. Ik kijk graag naar wolken, of voorbijvarende boten in het kanaal. Of naar vogels op schuttingen, in ieder geval iets rustigs. In de klas noemen ze me stille Peer. Omdat ik dus nooit zoveel zeg.
En daarom was iedereen zo ontzettend verbaasd bij de eindmusical op school. Toen leek ik in mijn eentje wel een kermis. Maar dat kwam door tante Pol. Die had het allemaal bedacht. Het was haar schuld.

Ik zit dus in groep 8 en in april begon de meester over de eindmusical. Ik weet niet of je dat weet, maar die eindmusical vindt iedereen het hoogtepunt van je schoolcarrière. Dan gaat je groep een toneelstuk met liedjes instuderen en vlak voor het jaar voorbij is, komen alle vaders en moeders en opa's en oma's en stiefzussen en halfbroers en de hele mikmak daarnaar kijken en luisteren. Dat vind ik dus echt verschrikkelijk. De meeste kinderen kunnen totaal niet toneelspelen en vergeten wat ze moeten zeggen en zingen kunnen

ze al helemaal niet. Maar dat maakt kennelijk niet uit, want alle vaders en moeders zeggen toch wel dat ze het geweldig vinden, dat weet ik nog van de musical van mijn broer. (Die was echt om te huilen. En die warme saucijzenbroodjes na afloop waren koud.)
(Groep 8 is trouwens helemaal zo'n raar jaar. Je moet ook al op schoolkamp. En de hele tijd heb je gesprekken over later. Eigenlijk moet je groep 8 gewoon overslaan. Maar dan heb je die musical en dat kamp waarschijnlijk in groep 7, dus daar schiet je niks mee op.)
(We hebben trouwens best een leuke klas, hoor. Iedereen is oké en niemand pest elkaar en zo. Er zitten wel een paar meisjes in die zich opmaken. En Julia heeft nagels van een meter, maar zegt ondertussen wel dat ze dokter wordt in een ontwikkelingsland. Dat kan echt niet met die nagels. En Bart wordt een beroemde zanger, dat denkt hij. En Fodor is een opscheppertje. En Lizzy en Alice zijn óf dikke vriendinnen óf ze kunnen elkaar niet luchten of zien. Die snappen zichzelf niet. Maar dat heb je wel meer met meisjes. Nou ja, eigenlijk heeft iedereen wel wat. Maar verder is iedereen best aardig. Ik heb tenminste geen last van ze.)
Maar goed. Die musical dus. Daar kom je gewoon niet onderuit en in april begon de ellende.
'De musical heet *De beer is los*,' vertelde de meester. 'Het verhaal speelt zich af tijdens een dropping in een griezelig bos. Dat gaat helemaal mis. Er is een beer en er zijn kinderen, ouders, jagers, wandelaars, politieagenten en een bange juffrouw. Jullie krijgen nu een briefje met alle rollen en je mag drie rollen aankruisen die je graag wil spelen. Alle zesentwintig rollen zijn hoofdrollen, want elke rol is belangrijk. Vanmiddag ga ik passen en meten en morgen vertel ik wat je mag zijn.'
Ik bekeek het lijstje. Beer, kind, juffrouw, vader, moeder, jager, agent, wandelaar (koor).
Ik maakte een nieuwe regel en schreef: boom. Ik kruiste het aan en leverde het in.
De volgende dag had de meester gepast en gemeten en zat ik bij het koor. In de pauze ging ik naar hem toe.

'Waarom zit ik bij het koor?' vroeg ik.
'Omdat er geen boom in het stuk zit,' zei hij vriendelijk.
'Wel. Het is in het bos. In een bos stikt het van de bomen. Zonder bomen is er geen bos.'
'Bomen komen straks op het decor,' zei de meester geduldig (hij neemt altijd de tijd voor mij). 'En boom is geen actieve rol. Bomen dóén niks.'
'Daar ben ik juist goed in. Ik ga gewoon staan en schaduw geven.'
De meester begon door te vragen. Of ik bang was, of ik me schaamde om te zingen, hij vroeg zelfs of ik gepest werd.
'Nee. Nooit,' zei ik.
'Wil je dan liever met Chico en zijn vader het geluid doen?'
'Nee.'
'Of Liza en Pien helpen met het decor?'
'Nee.'
'Kostuums maken met Mehmet en Kas?'
'Nee! Ik ben gewoon boom.'
De meester was even stil. 'Wil je dat écht?' vroeg hij toen.
'Nee. Ik ben liever niks,' zei ik eerlijk.
Toen gaf hij het op. 'Wees dan maar boom,' zei hij. 'Ik vraag wel of Mehmet een mooi kostuum maakt.'
'Dat doe ik liever zelf.'
Dat vond de meester creatief. 'Leuk. Dat vind ik creatief,' zei hij.
Toen mocht ik eindelijk naar buiten en ik dacht: dat kostuum moet tante Pol maken.

Nu moet ik even iets vertellen over tante Pol. Tante Pol woont naast ons en past op mij als papa en mama aan het werk zijn. (Mama is piloot en papa werkt in een supermarkt.) Tante Pol is superklein voor een groot mens en ik ben superlang voor een kind en daarom zijn we precies even groot.
Tante Pol is een beetje apart. Ze kamt nooit haar krullen, heeft ogen met zwarte randen en ze draagt altijd een gebreide muts met een kwastje eraan, ook als de mussen van het dak vallen van de

hitte. Ze heeft vroeger toneelgespeeld voor haar werk en het leukst vond ze improviseren, dat zegt ze altijd, dat ze iedereen altijd tot wanhoop bracht door expres iets anders te doen.

Uit school drinken we altijd thee en dan wil ze weten hoe vaak de meester 'eh' had gezegd. 'Als de meester "eh" zegt, heeft hij zijn les niet goed voorbereid en is hij aan het improviseren,' zegt ze. 'Daar krijg je de leukste lessen van.'

'En de langste,' zei ik.

Ik vertelde over de musical.

Tante Pol vindt nooit iets raar, en dat ik boom wilde spelen bij de musical vond ze echt geweldig.

'Geweldig! Wie is er nou boom?' schaterde ze. 'Wat ga je doen?'

'Niks. Ik sta op het toneel en geef schaduw.'

Toen vond ze het ineens niks. 'Dus je gaat alleen maar stáán?' Ze schudde met haar hoofd en het kwastje van de muts zwierde heen en weer. 'Luister, Peer. Op het toneel kun je je helemaal uitleven. Uit de band springen. Alles mag. Daar moet je van profiteren. Mensen gaan naar je kijken. Om je lachen. Voor je klappen. Dit is je kans, Peer. Grijp die kans!'

Ik keek naar het zwiepende kwastje. 'Ik hoef die kans niet,' zei ik.

'Maar je gaat toch niet stilstaan, als een echte boom?'

'Ik vind stilstaande bomen lekker rustig.'

Nou. Daar had ik echt iets verkeerds gezegd. Haar wenkbrauwen schoten omhoog tot onder haar krullen en ze ging maar door over dat applaus en dat uitleven.

'Je zeurt net zo hard als de meester,' zei ik.

'Maar ík heb er verstand van.' En toen wilde tante Pol me per se leren hoe ik een spannende boom kon zijn. 'De leukste boom van de wereld,' zei ze zelfs. *Doe normaal!*

'Ik ga wel met mijn bladeren zwaaien,' beloofde ik, om ervanaf te zijn.

Maar dat vond ze natuurlijk niet genoeg. 'Een goeie boom kan alles wat mensen ook kunnen. Dansen, huilen, slaan, trompet spelen...'

'Trompet spelen? Dat kan ik zelf niet eens!' riep ik.

'Ik leer het je wel even,' zei ze.
'Nee! Speel dan zélf boom!'
Tante Pol was even stil en keek scheel naar het kwastje voor haar neus. 'Peer! Dat is een prima idee!' zei ze toen.

En toen maakte tante Pol dus een bomenpak waar we allebei in pasten. Ze zette de naaimachine op tafel, pakte een grote doos met lappen en ging aan de slag.
Binnen de kortste keren had ze een stam van jute genaaid. Terwijl zij takken maakte van ijzerdraad, knipte ik bladeren van groene stof. We plakten alles aan elkaar, vulden stukken op met schuimrubber en toen was de boom klaar.
'Wat is het voor boom?' vroeg ik.
'Een beuk,' zei tante Pol beslist. Ze knipte nog twee gaten in de stam om doorheen te kijken en een gat om haar trompet doorheen te steken.
'Ik ga vast repeteren,' zei ze enthousiast. 'Ga zitten en kijk.'
Ik ging zitten en tante Pol hees zich in het pak en veranderde in een boom. Ikzelf kon alleen maar bedenken dat bomen staan te staan en schaduw geven, maar tante Pol was een ADHD-boom van het ergste soort. Ze huppelde en rende en sprong en ik dacht: straks krijgt ze nog een hartaanval. Maar dat kreeg ze niet en toen ze ook nog trompet begon te spelen, dacht ik: tante Pol is niet een beetje apart, tante Pol is knettergek.

Het was even organiseren, maar we kregen het voor elkaar dat tante Pol en ik bij iedere repetitie konden ruilen. Vlak voor een repetitie begon, sloop mijn tante ongezien naar binnen, ging naar de wc waar ik in mijn bomenpak ook al was, en dan deed zij vlug het pak aan en liep naar de aula. En ik bleef lekker op de wc een spelletje zitten doen op mijn telefoon. Ik hoorde de klas in de verte repeteren en vals zingen en joelen en ik hoefde helemaal niks te doen. Na de repetitie kwam tante Pol terug en ruilden we weer. Niemand had het in de gaten en het was gewoon een geweldige oplossing.

Maar zo geweldig was het allemaal toch niet. Want al na de eerste repetitie merkte ik dat kinderen anders naar me begonnen te kijken. Ze sloegen op mijn schouders, en zeiden dingen als 'Goed gedaan!' en 'Ik wist helemaal niet dat je trompet kon spelen!'.
Na de tweede repetitie noemden ze me al briljant, en na een maand vonden ze me geniaal. 'Geniaal! Hoe verzin je dat allemaal? Ik heb me rot gelachen! Ik wil jou in mijn tuin!'
Ik werd er gewoon nieuwsgierig van en ging een keer stiekem kijken. Nou, echt waar, ik schrok me rot.
De boom (tante Pol dus) (of eigenlijk ik) had inmiddels een hoofdrol. Hij (of zij) danste over het toneel, trompetterde met elk liedje mee en stond bij elke scène in de weg.
De boom kon kennelijk ook praten, daar had tante Pol een bomenstem voor bedacht. Een soort gekraak en gemurmel, en af en toe bulderde ze als een beukende beuk. En ze versloeg uiteindelijk de beer door boven op hem te vallen en met haar takken net zo lang op hem in te beuken, totdat het arme beest huilend uit het bos verdween en alle kinderen samen met haar een vreugdedansje deden. Dat was het slot.
Dat lijkt misschien hartstikke leuk en het was ook echt wel grappig, maar daarmee bracht ze me in grote problemen. Kinderen begonnen steeds meer tegen me op te kijken. Ze wilden opeens met me voetballen en bij me spelen. En Amira wilde dat ik haar trompetles ging geven.
Zelfs de meester kreeg bewondering voor me. 'Dus daarom wilde je boom zijn. Wat een talent! Dat had ik nooit achter je gezocht,' zei hij.
'O,' zei ik. Dat leek me een goed antwoord.
'En ik heb iets geweldigs bedacht,' ging hij verder. 'Vanaf vandaag heet de musical niet meer *De beer is los*, maar *De beuk erin*! Alle rollen zijn hoofdrollen, maar jij hebt een superhoofdrol, Peer. Jij bent de held van onze musical!'
Ik kreunde inwendig. Een held! Daar zat ik helemaal niet op te wachten!

Die middag besprak ik de zaak met tante Pol.
'Je moet niet zo overdrijven, met die boom,' zei ik. 'Een boom is maar een boom.'
'In een goed toneelstuk kan alles,' antwoordde ze.
'Ja, maar nu denken ze dat ik leuk ben.'
'Mooi zo,' zei tante Pol tevreden.
'Helemaal niet mooi! Ze lopen ineens met me mee naar huis. En Julia wilde me gisteren zoenen.'
'Julia? Met die nagels?'
'Nee, met haar mond. Doodeng. Je moet een beetje normaal doen.'
Tante Pol proestte het uit. 'Peer! Normaal is toch raar! Zie er gewoon de lol van in! En bovendien: ik kan nu niet meer terug. De beuk is een held. Maar het is bijna voorbij. Nog maar één keer repeteren, dan nog de generale repetitie en de uitvoering. En dan ben jij weer stille Peer en ik weer je oude tante Pol.'
Ik knikte, maar was er niet gerust op. Straks werd ik nooit meer stille Peer. Ik had gewoon mezelf moeten spelen. Als boom, bedoel ik. Een stille Peer-boom. Je moet mensen niet willen veranderen. En bomen al helemaal niet. Die spelen al miljoenen jaren geen trompet, dat moet je zo houden. Dat hele gedoe was vragen om moeilijkheden. Echt hoor, ik had een ontzettend slecht voorgevoel.

Nou ja, en toen ging het inderdaad helemaal mis. Want op de avond van de musical was tante Pol ziek. En niet een beetje ziek, maar snotverkouden, met koorts en spierpijn en hoofdpijn. De generale repetitie had ze nog net kunnen doen, maar spelen in de voorstelling ging echt niet meer, zei ze door de telefoon.
'Ik ben uche-uche-snotverkouden, met uche-koorts en uche-uche-spierpijn,' zei ze hees. En toen snoot ze zo hard haar neus dat ik bang was dat het snot door de telefoon zou komen.
Ik raakte meteen in paniek. 'Niet in de voorstelling?' riep ik.
'Onmogelijk,' snotterde ze. 'Ik ben echt ziek.'
'Dan speel je gewoon een zieke boom! In een goed toneelstuk kan toch alles?'

'Nee. Ik ben te uche-uche-slap. Mijn ogen tranen en mijn neus glimt als een kerstbal. En ik zweet me rot.'
'Niemand ziet je neus! Een slappe boom is prima! En in dat pak is het toch al warm. Het is maar een uurtje.'
'Nee. Dat kan niet. Je zult het zelf moeten doen.'
'Ík?' Ik kon wel schreeuwen. 'Ik wilde alleen maar een stille boom zijn. Die niks doet! Jij hebt er een hoofdrol van gemaakt! En nu kom je niet en moet ik het oplossen!'
'Dat kan je best.'
'Nee. Ik ben ook ziek,' zei ik, en ik voelde me inderdaad misselijk bij het idee dat ik daar op dat podium moest staan als superboom.
'Dat kan niet!' protesteerde tante Pol. 'Dan laat je je klas in de steek.'
'Maar ik weet niet eens wat je allemaal voor die boom hebt bedacht!'
'Dat ga ik je uche-uche-vertellen. Schrijf op.'
Hoestend en proestend begon tante Pol te vertellen wat de boom allemaal moest doen en ik schreef het op. Bij iedere zin zonk de moed verder in mijn schoenen. Die hele musical draaide alleen nog maar om die boom. Om mij dus. Dat werd een ramp.
'Dat is alles,' eindigde ze. 'En het maakt niet uit als je het uche-uche-anders doet, want dat doe ik ook steeds. Daar leren ze van uche-uche-improviseren. Niks is verkeerd, want alles is goed. Nou, ik moet ophangen. Zet 'm op, Peer. Veel uche-uche-uche-plezier.'
Ze hing op en ik keek op het briefje. Dansen met pirouettes als de eerste agent opkwam? Het grote bomenlied? Een gevecht met de beer? Een trompetsolo? Boomzoenen met Julia? Moest ik dat allemaal doen? Tante Pol was gek. Wie verzon nou zoiets? En dan ook nog ziek worden! *Dáh!*

Met lood in mijn schoenen ging ik naar school.
In de gymzaal trok ik het bomenpak aan en schudde wat met mijn bladeren. Ik probeerde een pirouette en viel om. Ik blies op de trompet en kreeg er alleen een piepje uit. Iedereen was zenuwachtig en niemand had door dat ik daar stond te zweten alsof ik ook koorts had.

'Toitoitoi,' zei de meester. 'Denk aan wat we van Peer hebben geleerd. Blijf improviseren. Jullie kunnen elke situatie oplossen, want niks is verkeerd en alles is goed. Zijn we er klaar voor?'
Iedereen knikte.
'Daar gaan we dan. De beuk erin!'
Hij verdween om ons aan te kondigen en een minuut later begon de musical.

Het werd geen ramp. Dat snapte ik niet, want ik deed werkelijk alles verkeerd. Eerst deed ik zelfs niks. Al bij het eerste liedje was ik het hele briefje vergeten en stond ik daar als stille boom. Maar dat pikten ze niet, want ze begonnen aan mijn takken te trekken en te duwen, net zo lang tot ik op iemand viel.
'Ach, arme boom. Hij is gevallen,' riep iemand. 'Doe mond-op-mondbeademing!'
Wat? Ik schopte Julia, die dat nog kwam doen ook, van me af en toen speelden ze daar weer op in. 'Hij is boos. Stuur hem naar de beer!'
Ze trokken aan mijn takken en ik gaf iemand een mep. Dat vonden ze ook grappig. Echt hoor, het maakte kennelijk niet uit wat ik deed, áls ik maar iets deed. Ze trokken en duwden en bleven maar naar me roepen. En opeens werd ik het zat. Wilden ze een beukende beuk? Dan zouden ze die krijgen ook!
Ik kon niks meer zien doordat die stomme gaten opzij waren geschoven, maar beuken ging prima. Ik maaide met mijn takken en sloeg iemand omver. Iemand klom in mijn kruin en ik gooide hem van me af. Ik omhelsde niet Julia, maar de beer.
In de zaal werd steeds harder gelachen. Ze begonnen me zelfs aan te moedigen. 'Kom op, beuk! De beuk erin!' Iemand duwde de trompet in mijn hand en stak die door het gat bij mijn mond. Ik blies een kleine piep. Dat vonden ze ook al leuk. Iemand pakte de trompet af en begon zelf te spelen. Ik ging op het geluid af, pakte de trompet weer terug en gaf de dief een mep.
Het publiek lag dubbel.

'Wie speelt dat? Is dat Peer Potter? Die stille? Echt waar?'
'Ik ben de beukbeuk,' brulde ik zo hard als ik kon. Toen maakte ik een pirouette en viel van het podium. Iemand tilde me op en ik zoende een agent. 'Zingen!' siste iemand naast me. Ik haalde diep adem en zong zo hard en vals als ik kon een kerstliedje.
Wat ik ook verzon, de anderen speelden erop in en losten het op. Niemand werd boos en het publiek kwam niet meer bij.
Opeens zaten de gaten weer goed en kon ik weer zien. En het eerste wat ik zag, was tante Pol met haar gebreide muts. Ze zat naast mijn gierende vader en moeder en lachte net zo hard mee. Maar tante Pol... die was toch ziek?
Dáh! Die was gewoon stiekem weer beter geworden! En dan mij het werk laten opknappen! Nou, ik zou haar wat laten zien!
Vanaf dat moment draaide ik een beetje door. Of eigenlijk ging ik helemaal uit mijn stekker. Ik sprong en danste en schopte alles en iedereen. Ik verzon de gekste dingen en deed zo idioot mogelijk. Ik schreeuwde dat er een bosbrand was. Ik duwde de juf van het podium. Ik sloeg de agenten knock-out. Ik ging helemaal door het lint. Mijn klas improviseerde zich rot en loste alles op. En het publiek vond het geweldig. Ten slotte voerde ik Julia aan de beer. Ik tilde haar op en duwde haar in zijn poten. 'Eet dat kind op!' bulderde ik.
De beer beet in haar arm en brulde: 'Dat kind is vergiftigd!' Toen viel hij dood neer en was de musical afgelopen.
Iedereen zong het eindlied, dat nergens meer op sloeg, maar geen mens die daar nog mee zat. Zelfs het publiek niet, want we kregen een daverend applaus.
'Bravo! Bravo voor de beuk! Bravo!'

Daarna ging het snel. Ouders gaven bloemen en de meester hield een speech. Hij noemde al onze namen, zei dat we geweldig hadden gespeeld en noemde onze musical de beste musical ooit. Hij vroeg een extra applaus voor Chico en Liza en Pien en Mehmet en Kas. 'En mag ik nog een laatste applaus voor onze held: de beuken-

de beuk Peer Potter!' riep de meester. Toen ging het hele publiek staan en applaudisseerde nog daverender dan daarvoor. Ze begonnen zelfs te joelen en te fluiten.
Opeens was ik doodmoe. Ik zwaaide wat met mijn takken en boog een paar keer onhandig. Eindelijk waren ze klaar met klappen en kon ik de coulissen in rennen.

In de gymzaal stond tante Pol op me te wachten.
Ze glunderde van oor tot oor. 'Peer! Je was geweldig!' riep ze. 'Je was de beste boom die ik ooit heb gezien! De beuk was helemaal los. Ik ben zo verschrikkelijk trots op je.'
'Ja. Oké. Maar... je was toch ziek?' vroeg ik.
'Ik was ineens weer beter,' zei ze opgewekt. 'Gelukkig maar. Nu kon ik jou zien. Ik was net op tijd.'
'O.' Ik keek in haar glinsterende ogen. Die waren helemaal niet rood en haar neus glom ook niet. Ineens geloofde ik die hele ziekte niet meer.
'Hoe kun je nou zo snel beter worden? Je was helemaal niet ziek!'
'Peer! Denk je dat ik toneelspeel?'
'Ja! Je hebt me erin geluisd!'
'Heus niet,' deed tante Pol beledigd. 'Ik moest echt de hele tijd uche-uche-hoesten. En het ging toch goed?'
'Dit was de beste musical ooit,' zei de meester, die binnenkwam en nog veel harder glunderde. 'Je bent een topper, Peer. Petje af.' En tegen tante Pol: 'Deze jongen is geniaal. Volstrekt onvoorspelbaar. Hij heeft iedereen nog harder laten improviseren dan bij de repetities. Maar groep 8 heeft zich niet laten kennen. Ik ben enorm trots op de hele klas.'
Alle anderen kwamen naar me toe en sloegen op mijn schouders en staken duimen op. 'Je was nog gekker dan bij de repetities,' grijnsden ze. 'Maar we konden alles oplossen. Het was geweldig.'
'O,' zei ik. Wat moest ik anders zeggen? Ik keek naar tante Pol, die weer straalde. 'Ik doe dit nooit meer,' siste ik in haar oor.
'Ik ook niet, denk ik.' Tante Pol schudde haar hoofd en het kwastje

van haar muts zwiepte in mijn gezicht. 'Of doen ze in de brugklas ook musicals?'
'Nee!' zei ik.
'Jammer.' Ze hielp me uit mijn pak en vroeg: 'Heb je zin in pannenkoeken?'
'Ja!'
'Dat dacht ik al. Ik heb vanmiddag een stapel gebakken. Ga hoesten.'
'Huh?'
'Ga hoesten! Je bent ziek!'
'Oké.' Ik begon te hoesten en tante Pol draaide zich om en zei tegen de meester: 'Peer heeft zich helemaal leeggespeeld. Het was geweldig. Maar nu gaan we weg. Hij is ziek.'
Dat vond de meester jammer, maar hij snapte het en bedankte me en zei: 'Hopelijk tot morgen.' Hij zwaaide en iedereen zwaaide mee. 'Beterschap! Dag, beuk!'
Samen met papa en mama gingen we door de achterdeur naar buiten. Ik vertrouwde tante Pol inmiddels voor geen cent meer, maar ze had echt pannenkoeken gebakken. Misschien was dat gehoest van haar dan ook wel echt geweest en ik controleerde of er geen uitgehoeste snotjes op zaten. Dat was niet zo en uitgehongerd viel ik aan.
'Eigenlijk was het best een leuke avond,' zei ik met volle mond.
'Het was geweldig,' zeiden papa en mama trots. 'Jíj was geweldig, Peer. En die trompet... hoe kom je erop! Wil je soms op trompetles?'
'Nee,' zei ik meteen. Ik aarzelde. 'Of eigenlijk, ja. Maar niet voor op toneel, hoor. Gewoon voor thuis. Verder ben ik weer stille Peer.'
'Jaja,' lachte mama.
'Natuurlijk,' zei tante Pol.
Ze gaf me een knipoog en nam nog een pannenkoek.

Evelien Feltzer

KASTEELKAMP

'We zijn er!' riep juf Dunya door de microfoon.
We keken met z'n allen naar buiten. De bus stopte voor een oprijlaan met grote, dikke bomen.
'Het laatste stukje moeten we lopen, want daar kan de bus niet komen. Jullie kunnen jullie eigen tassen en slaapzakken onder uit de bus pakken.'
Odi stond al bij de deur voordat de juf was uitgesproken. Ik stapte als een van de laatsten naar buiten, ik was misselijk van de busreis. Stomme wagenziekte. De rest van de klas rende al met hun spullen over de oprijlaan.
Ook Elize. 'Hé, slomerd, kom je nog?'
Ik maakte een gebaar met mijn hand dat ze door kon lopen. 'Ga maar. Hou je een goede plek voor mij bezet?'
We droomden al maanden over ons kamp en hadden gezworen dat we bij elkaar op de kamer zouden slapen, ook als de juf ons ergens anders zou indelen. Na de zomervakantie zouden we allebei naar

een andere middelbare school gaan. Natuurlijk zouden we vriendinnen blijven. Voor altijd. Ook dat hadden we gezworen.
Ik keek om me heen. Dus dit was het dorp waar onze juf was opgegroeid. Ze had ons verteld dat ze hier vroeger graag weg wilde. Dat ze droomde van de grote stad, omdat ze het in het dorp te stil vond. Tot nu toe klopte dat. Geen razende en toeterende auto's en schreeuwende mensen zoals wanneer ik onze flat uit stapte. Hier hoorde ik alleen de vogels.
'Dat is een roodborstje.'
Ik schrok van de stem naast me.
'Eh... hoe weet jij dat?' stamelde ik.
'Ik ga altijd op zondag vogels kijken met mijn opa,' zei Mustafa.
'Jij?'
'Ja, is dat zo gek?'
Ik haalde mijn schouders op en probeerde heel gewoon te doen. Mus-ta-fa. Met zijn diep donkerbruine ogen waar ik helemaal wiebelig van werd.
'Wedstrijdje wie het eerst bij het kasteel is?'
Hij was al weg voordat ik een stap had kunnen zetten en verdween tussen de bomen.
Ik rende achter hem aan. Ook ik was benieuwd hoe het kasteel eruit zou zien. De hele klas had staan juichen toen de juf vertelde dat we toch op kamp gingen. En nog wel naar een oud kasteel. Haar broertje Angelo woonde er antikraak. Dat betekende dat hij op het kasteel mocht passen totdat er een nieuwe eigenaar was gevonden. De oude eigenaar was gestorven en hij bleek geen familie te hebben. Het dorp moest nu beslissen wat er met het kasteel zou gebeuren.
'Maar dit is toch geen echt kasteel?' hoorde ik Odi roepen. Ik liep de hoek om en zag mijn klas in een halve kring rondom juf Dunya en een lange man staan die als twee druppels water op haar leek. Dat moest haar broertje Angelo zijn. Ze stonden voor het hek van de toegangsbrug. Daarachter zag ik een groot gebouw met torens, omgeven door water. De witte verf was op delen van de muren verdwenen achter een groene, mossige aanslag.

'Hoe ziet een echt kasteel er volgens jou dan uit?' vroeg Angelo.
'In ieder geval groter,' zei Odi.
Angelo glimlachte. 'Wij zijn maar een klein dorp, dus we hebben ook maar een klein kasteel.'
'Misschien een klein dorp met een klein kasteel, maar met een groot hart,' hoorden we achter ons. We draaiden ons om.
'Pap! Mam!' Juf Dunya liep naar ze toe en omhelsde ze. Haar vader was zelfs nog langer dan haar broer, met armen als boomstammen. Haar moeder was zacht en klein, met tientallen bruingrijze vlechtjes die om haar gezicht dansten.
'Is er ook een zwembad?' vroeg Aya.
'En een bioscoop?' vroeg Ko.
'Een disco met blacklights?' Elize keek Angelo hoopvol aan.
Hij schudde zijn hoofd.
'En waar zijn de alpaca's?' vroeg Rasheda.
'Alpaca's?!' Angelo keek ons verbaasd aan.
De klas knikte.
'Hé, zus!' riep Angelo. 'Wat heb je die kinderen allemaal beloofd? Ze denken dat het hier een soort vijfsterrenresort is.'
'Tja, eh... Ze moeten nog even omschakelen. We zouden eerst naar een iets ander kamp gaan.'
Dat andere kamp was Superkamp. Hét coolste kamp van de wereld. Dat deed iedere groep 8 bij ons op school. Behalve wij. Juf Dunya was vergeten ons aan te melden. Haar hoofd is nog warriger dan het mijne.
'Het is toch superfijn dat we hier mogen zijn!' zei ik. 'Anders hadden we niet eens een groep 8-kamp gehad.'
Juf Dunya glimlachte. 'Dank je wel, Selma. Lief dat je dat zegt.'
'Slijmerd!' riep Odi.
Mustafa gaf hem een duw. 'Selma heeft gelijk. Het wordt vast tof, toch?'
Oef. Daar gingen mijn benen weer. Wiebeldewiebel.
'Nou... zeker!' zei Angelo. 'We hebben voor iedereen een slaapplek gemaakt. Jullie hebben allemaal in groepjes jullie eigen slaapkamer.

Van Dunya horen jullie zo wie waar zit. De jongens slapen in het linkergedeelte van het kasteel en de meisjes rechts.'
'Ah nee, en ik wou nog wel 's nachts naar de meiden sneaken,' riep Stan. De klas lachte.
'Dat kan nog steeds, hoor,' zei Elize. Ze knipoogde naar Stan, die nu vuurrood werd.
'We hebben achter het kasteel een groot grasveld om te voetballen. Een oude balzaal voor een swingend discofeest. En lange donkere gangen voor de engste speurtocht ooit.'
Bij die laatste woorden joelde de klas.
'En jullie hebben ons,' zei juf Dunya's moeder.
'Jullie persoonlijke koks voor de komende drie dagen,' zei juf Dunya's vader.
'En als jullie de pannenkoeken van mijn vader en de pom van mijn moeder hebben geproefd, willen jullie nooit meer naar huis.'
Haar ouders glimlachten verlegen.
'Zo lief dat jullie komen helpen.'
'Maar natuurlijk, lieverd,' zei haar moeder. 'Daar heb je toch familie voor.'
Ik voelde een steek in mijn buik. Ik zou ook wel zo'n familie als juf Dunya willen. Mama was me niet eens komen uitzwaaien, omdat ze moest werken.
'Gaat het, Sel?' Elize stak een arm door de mijne.
Ik knikte. 'Als we straks maar wel samen op een kamer liggen.'
'Tuurlijk! Zorg ik voor.' Zoals Elize altijd voor alles zorgde.

Voor we het wisten, was het avond en waren we Superkamp al helemaal vergeten. Iedereen was blij met de slaapplekken in het kasteel, we hadden 's middags het langste voetbalpotje ooit gespeeld en de pannenkoeken van juf Dunya's vader waren nog lekkerder dan we hadden gehoopt. Zes grote stapels hadden we met z'n allen weggewerkt. Odi had het record van negen pannenkoeken. Ikzelf was blijven steken bij vijf. Wel een persoonlijk record. De hele klas hing sloom en met volle buiken over de lange picknicktafels die de

ouders van juf Dunya op de oprit voor het kasteel hadden neergezet.
'Goed werk, pa,' zei Angelo. 'Ze zijn eindelijk stil. Dit lijkt me het perfecte moment voor een verhaal.'
Hij ging staan zodat we hem allemaal goed konden zien. 'Vroeger was dit helemaal niet zo'n schattig dorpje als jullie misschien zouden denken. En dat kwam door de wrede kasteelheer die hier woonde. Zijn vrouw was in het kraambed gestorven en daarom had hij besloten dat niemand meer vrolijk mocht zijn. Hij wilde nooit meer iemand horen lachen. Hij zorgde ervoor dat iedereen in het dorp veel te hard moest werken en dat er niet voldoende eten meer was. De dorpsbewoners stonden met honger op en gingen met honger naar bed.'
'O nee. Nooit meer van die overheerlijke pannenkoeken. Wat vreselijk!' Odi wreef over zijn buik. Hier en daar klonk gegniffel.
Angelo vertelde verder. 'Het dienstmeisje van die vreselijke kasteelheer was zó moe van alle klusjes en ze had zó'n honger dat ze op een dag in slaap was gevallen toen ze buiten de fris gewassen lakens van de kasteelheer aan het ophangen was. Alle witte lakens waren op de grond gevallen en zaten nu onder de bruine moddervlekken. De kasteelheer werd zo boos dat hij het dienstmeisje in de kelder van het kasteel liet opsluiten. Hij schreeuwde dat hij haar daar pas weer uit zou laten als ze haar klusjes goed zou doen. Maar hoe kon ze dat doen als ze opgesloten zat? Het meisje huilde en huilde. Totdat er opeens op een avond een klein mannetje verscheen met een lange blauwe baard en een gouden lantaarn in zijn hand.
"Waarom huil je, mijn lieve kind?" vroeg het mannetje.
Het dienstmeisje vertelde over haar straf en over de wrede kasteelheer.
"Wacht maar. Daar weet ik wel iets op." Hij blies op een fluitje en binnen een paar minuten stonden daar negen andere mannetjes met net zo'n blauwe baard en gouden lantaarn in hun hand.
"Zeg maar welke klusjes we moeten doen en waar we in het kasteel

moeten zijn. Als we hulp nodig hebben van onze kameraden, dan zetten we onze lantaarn voor het raam. Dan komen ze vanzelf."'
Angelo zweeg. Wij hingen aan zijn lippen en waren muisstil. We hadden niet eens door dat het al donker was geworden.
'En toen?' vroeg ik.
'Kijk zelf maar.'
Hij wees naar het kasteel. Daar zagen we achter tien ramen een lichtje branden.
'Jullie hulp is nodig. Dunya roept zo jullie namen. Per groepje krijg je een zaklamp, een plattegrond van het kasteel en een papier met tien vakjes. In elke kamer kun je een letter vinden. Die tien letters maken samen een woord. Ieder groepje heeft een eigen volgorde, zodat jullie niet met z'n allen tegelijk in een kamer staan. We komen uiteindelijk wel met z'n allen in de balzaal samen. Het groepje dat daar het eerst terug is én het goede woord heeft geraden, wint. Maar pas op. Jullie zijn niet alleen. Schrik niet van loslopende mannetjes met blauwe baarden.'
We schreeuwden van opwinding zo hard door elkaar dat we onze namen bijna niet meer hoorden. Ik zat in het groepje met Elize, Odi, Mustafa en Rasheda.
'Durf jij wel in het donker?' vroeg Rasheda.
'Tuurlijk. Ik ben zo vaak alleen thuis 's avonds. En jij?'
Ze knikte, maar ik geloofde haar niet.
'Sel, als jij nou eens deze neemt.' Elize duwde de zaklamp in mijn hand. 'En jij met Mustafa voorop gaat lopen.' Ze duwde de plattegrond van het kasteel in zijn hand. 'Dan volgen we jullie.' Ze knipoogde naar me.
'Goed plan!' Mustafa kwam al naast me staan.
Het is maar goed dat het al donker was, zodat Mustafa niet zag hoe rood ik werd.
'En ik dan? Ik wil ook voorop!' Odi sprong tussen ons in. 'Ik kan trouwens ook heel goed kaartlezen. En ik kan karate.' Hij zwaaide wild met zijn armen. 'Altijd handig voor loslopende mannetjes met blauwe baarden.'

Iedereen lachte, behalve Rasheda. Ze keek angstig om zich heen. 'Weten jullie zeker dat het veilig is?'
'Nee. Maar dat is toch juist het leuke,' zei Odi.
Rasheda pakte Elizes arm.
We liepen de trap op en stapten de reusachtige hal in. Het was gelukkig niet helemaal donker. Boven in de hoek brandde nog een klein peertje. Ik hoopte dat dit in de gangen ook zo was. We zagen de andere groepjes verschillende kanten op vliegen.
Mustafa keek op het papier. Ik scheen met de zaklamp bij. 'Wij moeten eerst naar kamer zeven.'
Odi keek op de kaart. 'Dat is helemaal boven. Dan moeten we hier de trap op.' Voorzichtig liepen we omhoog. De treden kraakten en piepten bij iedere stap. We stonden stil voor de gang naar kamer zeven. Voor ons wapperden witte lakens. Daar moesten we doorheen om bij de kamers te komen. Ik voelde mijn hartslag versnellen. En dat kwam niet alleen door dit donkere kasteel. Mustafa had mijn hand gepakt.
'Durf jij?' fluisterde hij.
Ik vond het doodeng. 'Tuurlijk,' zei ik stoer. Ik hield mijn adem in en wilde net een stap zetten toen we achter ons stemmen hoorden.
'Weten jullie het zeker?' bromden de stemmen.
We draaiden ons om. Daar stonden twee figuren met blauwe baarden en een gouden lantaarn voor hun gezicht. We schrokken zo erg dat we allemaal gillend door elkaar heen renden. Mustafa had nog steeds mijn hand vast en ik trok hem door de gang met de lakens. Ik probeerde ze weg te duwen, maar we raakten er toch in verstrikt. We gilden nog harder en buitelden over elkaar heen. Een laken liet los en viel op ons.
'We moeten ze naar beneden trekken,' riep ik. 'Dan zien we waar we zijn.' Ik probeerde met de zaklamp bij te schijnen terwijl Mustafa aan een laken trok. Elize, Odi en Rasheda kwamen ook helpen. En ineens was de gang leeg en zagen we waar we waren.
'Wie waren dat nou?' vroeg Elize. 'Niet juf Dunya of Angelo of hun ouders, toch?'

'Nee, dacht het niet,' zei Mustafa.
'Maar we laten ons toch niet gek maken door een paar van die blauwe baarden?' zei Rasheda, die veel dapperder bleek dan ik dacht.
'Echt niet!' riep Odi.
Ik opende de deur van kamer zeven. Ik scheen met de zaklamp naar binnen. 'Eerst even checken of hier geen rare gasten rondhangen.'
Er was niets anders te zien dan een grote houten kist in het midden van de kamer.
'Zien jullie ergens een letter?' vroeg ik. We stapten kamer zeven in.
Ik scheen met de zaklamp langs de muren en op de grond. Niets.
'Misschien in die kist?' zei Elize.
'Of zou er zo'n blauwbaard in zitten?' zei Mustafa.
Ik scheen op de kist. 'Wie durft hem open te maken?'
Het bleef stil.
Toen liep ik er zelf maar naartoe. Ook ik bleek dapperder dan ik dacht. Met trillende handen opende ik de kist. Gelukkig. Geen blauwbaard, maar een letter. 'De zevende letter is een A.'
Mustafa krabbelde het in het zevende vakje op het papier. 'Mooi, nog maar negen te gaan. Iemand al een idee wat het woord is?'
We lachten.
'Iedereen klaar voor de volgende kamer?'
We knikten.
'Laten we dicht bij elkaar blijven,' zei ik. We pakten elkaars handen vast en stapten in een lange sliert de gang weer in. Op naar de volgende kamer. Toen we voetje voor voetje door de donkere gang schuifelden met de blauwbaarden die daar ergens op de loer lagen, moest ik ineens aan Roodkapje denken. En aan de wolf. Ik begon zachtjes te zingen. '*Ik ben niet bang voor de blauwe baarden, ben niet bang, ben niet bang. Ik ben niet bang voor de blauwe baarden. Ben niet bang.*' Ik keek achterom naar de anderen. Ze knikten en zongen met me mee. '*Wij zijn niet bang voor de blauwe baarden, zijn niet bang, zijn niet bang.*' Daar gingen we. Op de trap naar beneden naar de volgende verdieping voor nieuwe letters. En ineens

hoorden we het liedje door het hele kasteel; de andere groepjes moesten ons gehoord hebben. Het was een magisch moment. Het voelde alsof niemand ons iets kon doen. Alsof de hele klas elkaar beschermde. En heel even dacht ik dat mijn laatste restje angst in het donker verdwenen was. Heel even. Totdat er opeens weer een blauwbaard voor onze neus stond. En nog een. En toen nog drie. Met z'n vijven omcirkelden ze ons. '*Wij geloven daar helemaal niks van, 't is niet waar, 't is niet waar,*' zongen ze. En wij renden weer alle kanten op. We schreeuwden en lachten tegelijk. Totdat ik met mijn hoofd tegen een muur botste. *Baf.* Au. Zeker weten dat dit een enorme bult werd.

Mustafa zag het gebeuren. De rest was de gang al in gerend. Hij kwam meteen naar me toe. 'Gaat het?'

Ik voelde aan mijn voorhoofd. 'Eh... Ik geloof het wel.'

'Je bloedt.'

Ik keek naar mijn vingers en zag inderdaad iets roods.

'Wacht!' Mustafa pakte het laken dat boven ons hing en scheurde er een stuk af. Hij veegde mijn haren uit mijn gezicht en hield het stuk stof op mijn wond. 'Gelukkig valt het mee.' Hij keek mij aan met die fonkelende diepbruine ogen en op dat moment was er niets meer. Geen kasteel. Geen kamp. Geen klas. Alleen wij twee. En het was nog spannender dan die hele speurtocht en alle blauwbaarden bij elkaar.

'Selma? Mustafa?' hoorden we roepen uit de gang. Elize en Rasheda.

Ik wilde het liefst mijn vingers in mijn oren stoppen, zodat ik hier nog even met Mustafa kon blijven staan.

Maar ineens was daar Odi. 'Waar blijven jullie nou? Kom snel! We hebben al twee nieuwe letters gevonden.'

Dat was genoeg om ons meteen weer in de speurtocht te krijgen. Winnen wilden we.

Na de zesde kamer wist ik het woord en renden we zo hard we konden in het donker naar de balzaal.

Ik kon mijn ogen niet geloven toen we de balzaal in stormden. Die was omgetoverd tot een disco met gekleurde lampen en een grote discobal die aan een kroonluchter ronddraaide. Er hingen slingers en ballonnen en een groot spandoek met DAG LIEVE GROEP 8. SUCCES VOLGEND JAAR! Bij een tafel met chips en cola stond juf Dunya met haar ouders. Angelo stond verderop op een verhoging achter een draaitafel. We zagen nog geen andere kinderen.
'Wauw, zo cool!' riepen we door elkaar heen.
'Juf! Juf!' stuiterde Odi. 'Zijn wij als eerste?'
Juf Dunya spreidde haar armen en keek om zich heen. 'Wat denken jullie zelf?'
'We weten het woord, juf,' zei Rasheda.
'Selma heeft het als eerste geraden,' zei Elize.
Juf Dunya glimlachte. 'Dat had ik stiekem al een beetje verwacht.'
'Ik ook,' zei Mustafa. Waardoor ik bijna uit elkaar knalde.
'Nou, Selma, zeg het maar. Wat is het woord dat we zoeken?'
'"Blauwbaard", juf.' Toen we de A, de U en de W hadden gevonden wist ik het. Daar had ik geen andere kamers meer voor nodig.
Ze klapte in haar handen. 'Helemaal goed!'
Elize, Mustafa, Odi, Rasheda en ik pakten elkaar vast en dansten in het rond. Terwijl wij onze overwinning vierden, druppelden de anderen binnen. Die baalden eerst dat zij niet gewonnen hadden, maar dansten daarna al snel met ons mee. Helemaal toen Angelo de muziek aanzette. En ineens waren daar ook de blauwbaarden. Tien in totaal, net zoals in het verhaal van Angelo. Ik weet niet waar ze verstopt hadden gezeten, maar gelukkig waren we ze niet allemaal in het donker tegengekomen. Ze omhelsden juf Dunya.
Juf Dunya pakte een microfoon. 'Lieve groep 8, laten we vanavond een fantastisch feest vieren. Zo fijn dat we toch met elkaar op kamp hebben kunnen gaan. Daarvoor wil ik Angelo en mijn ouders natuurlijk bedanken.'
We klapten en joelden zo hard we konden.
'En ook mijn oude klasgenoten uit groep 8.' Ze wees naar de groep blauwbaarden, die nu lachend hun baard afdeden. 'Toen ze hoor-

den dat we door mijn fout onverwacht ons kamp hier moesten houden, zijn ze meteen gekomen om te helpen. Zoals mijn moeder al zei: het is een klein dorp, maar met een groot hart.'
Toen klapten en joelden we nog harder. Totdat Angelo de muziek harder zette.
En ik met Mustafa danste totdat mijn voeten niet meer konden.

Sanne Rooseboom

SLIMME BAS

'Ik snap het niet.' Oom Jos kijkt me met priemende ogen aan. 'Wiens schuld is dit?'
'Gewoon, de mijne.'
'No way. Dit is de schuld van de school en ik zal ze.' Hij staat op en gaat bij het raam staan. De schaduw van zijn lange lichaam valt over de tafel heen. 'Gaven ze je wel genoeg tijd?'
'Evenveel als de rest,' antwoord ik rustig.
'Dan is het die juf zeker. Denise. Die heb ik nooit gemogen, ze kijkt je altijd aan alsof je alles verkeerd doet.'
'Juf Denise heeft niks gedaan.'
Jos slaat met zijn vuist tegen de muur. 'Verdomme, Bas. Je bent de slimste persoon die ik ken.'
'Misschien zegt dat dan wat over de mensen die je kent.' Ik kijk hem uitdagend aan, maar hij hapt niet.
Hij schudt alleen zijn hoofd. 'Nee. Je bent zes jaar lang de beste van je klas en nu dit.'

Ja, nu dit. Nu stel ik iedereen teleur. Slimme Bas heeft de laagste Cito-score van de klas. Slimme Bas moet misschien groep 8 nog een jaartje overdoen.
'Wat is er aan de hand?' Papa's zwakke stem fladdert vanuit zijn slaapkamer de keuken in.
'Niks, papa. Jos en ik praten.'
'Kom eens hier.'
Ik zucht en sta op. Oom Jos loopt achter me aan.
Ik duw de deur open en ruik de vertrouwde geur van deze kamer. Een beetje wasmiddel, een beetje ontsmettingsmiddel en verder gewoon papa.
'Gaat het over je Cito?' Papa richt zich een beetje op. Hij ziet er slecht uit vandaag.
Ik haal m'n schouders op en ga aan het voeteneind zitten. 'Het is niet zo erg allemaal. De mening van de juf telt ook.'
'Niet voor de betere scholen,' zegt Jos vanuit de deuropening. 'En niet zonder een of andere verklaring. Dat je dyslexie hebt, of hoe dat ook heet.'
'Of faalangst.' Papa kijkt me onderzoekend aan. 'Had je het idee dat je dichtsloeg tijdens de toets?'
Ik slik. Hij moet zich hier niet druk over maken. 'Ik weet niet wat er aan de hand was,' lieg ik. 'Ik wist gewoon de antwoorden niet. Misschien ben ik wel goed in leren maar niet in toetsen maken.' Ik denk aan de kinderen uit groep 7. Zij worden mijn nieuwe klasgenoten. Ik zal de langste wel zijn. Ik geef mijn vader een kus op z'n klamme voorhoofd en loop de keuken weer in.
'Ik ga ervandoor,' zegt Jos. 'Happie eten met de mannen. Red je je hier?'
'Natuurlijk.' Ik kijk naar m'n schooltas, die ik in de hoek van de keuken heb geslingerd. 'Ik red me altijd.'

De volgende ochtend wachten Mazal en Liberty me beneden op, zoals elke ochtend.
'Veel gezeik?' vraagt Mazal.

Ik zie mezelf in de glazen van zijn zonnebril. Wallen. Mijn hoofd bonkt dan ook aan alle kanten. Ik knik. 'Van m'n oom vooral.'
'Die woont toch niet bij je?' Liberty stapt op haar fiets.
Ik spring achterop. 'Nope, maar hij bemoeit zich wel met me. Als hij er zin in heeft. En dan verdwijnt hij weer wekenlang.'
'Irritant.'
'Bij jou dan?' vraag ik de rug van Liberty.
'Ik kan met deze score naar het tweetalig vwo. En mijn ouders vinden dat een goed idee.'
Ik geef haar een klopje op haar schouder. Ik ben blij voor haar. 'En jij, Mazal?'
'Ik ga me inschrijven bij het Rinkema. Gemengde brugklas, dan kan ik nog alle kanten op.'
Daarna blijft het een tijdje stil. We fietsen over het lange, rechte stuk fietspad langs het winkelcentrum en het voetbalveld. Ik kijk naar mijn schoenen. Ik moet ergens een nieuwe veter vandaan halen, want het stukje touw waarmee mijn rechtersneaker nu dichtzit, ziet er niet uit. Dan haalt Liberty diep adem, ik zie het aan haar rug. 'En jij dan, Bassie?'
'Wat is er met mij?'
Ze zucht. 'Dat weet je best. Wat ga jij doen dan? Je wilde toch ook naar het Rinkema?'
'Dat kan nog best,' zegt Mazal meteen. 'Als de juf maar met ze gaat praten. Haar mening is ook belangrijk.'
'Ik wil niet dat de juf met ze gaat praten,' zeg ik.
'Maar je mag haar toch? En zij jou ook! Ze gaat echt alleen maar goede dingen over je zeggen, hoor.'
'Nee,' zeg ik. 'Ik wil niet meer naar het Rinkema.' Ik knijp mijn ogen dicht tegen het felle licht van de ochtendzon. De hoofdpijn wordt niet minder.
'Het is gewoon raar,' zegt Liberty. 'Je bent hartstikke goed in leren. Beter dan wij. En de laatste paar weken opeens niet meer. Gaat het wel goed?'
'Altijd, toch. Fiets nou maar door.' Ik geef opnieuw een klopje op haar schouder. 'Anders komen we te laat.'

Op school leg ik m'n tas bij de kapstok en loop naar de lerarenkamer. Op het aanrecht staat het vertrouwde groene bakje. Ik pak een beker, giet hem halfvol met de melk uit de koelkast en drink hem in één teug leeg. Meteen voel ik me beter. Kauwend op de bruine boterhammen met kaas en komkommer loop ik de klas in. Ik knik naar de juf. *Hai, juf. Dank, juf.* Ze knikt terug.

De hele dag is er geen gezeik. Dat scheelt enorm. We lezen. We bespreken de eindmusical voor de tienduizendste keer. Héél even gaat het over de laatste open dagen voor wie nog geen beslissing heeft genomen, maar daarna is het onderwerp weer weg.
Ik kijk om me heen. De landkaart van Nederland aan de muur is zo vertrouwd dat ik alle plaatsnamen uit mijn hoofd ken. De boeken in de kast heb ik allemaal gelezen. Mijn knieën raken het tafelblad. Zouden er ook grotere tafeltjes zijn op school?
Ik adem in.
Nog een heel jaar in dit lokaal, terwijl de rest uitvliegt, de hele stad door.
En uit.
Het moet maar.

Die middag zit ik aan de keukentafel met een boek en een glas water als de bel gaat. Papa ligt in bed, er is een verpleegkundige bij hem voor zijn medicijnen. Oom Jos zit in de woonkamer een serie te kijken op zijn mobiel, met een van de biertjes die hij heeft meegenomen.
'Ik doe wel open, ik ga er toch vandoor,' zegt de verpleegkundige. Ze glimlacht naar me. 'Red je het nog hier?'
Ik knik. 'Tuurlijk.'
Ze loopt naar de deur en ik hoor een vertrouwde stem 'Goedemiddag' zeggen zodra de deur opengaat. Ik bevries.
'Wie is het?' vraagt papa.
'Mijn juf. Ik vraag wel of ze weggaat.' Ik spring op en loop naar juf Denise, die afwachtend in de deuropening staat.
'Hai, Bas.'

‘Hai, juf. Het is niet zo’n goed moment. Mijn vader voelt zich niet goed. Kunt u een andere keer langskomen?’
‘Komt u zich verontschuldigen?’ hoor ik achter me. De moed zakt me in de schoenen.
‘Laat maar, oom Jos, de juf ging net weer weg.’
Maar juf Denise kijkt mijn oom geïnteresseerd aan. ‘Waar moet ik me voor verontschuldigen?’
‘Voor dat het joch zijn Cito-toets heeft verpest. Ik weet nog niet hoe, maar ik denk dat dat uw schuld is.’
De juf glimlacht voorzichtig. ‘Daar wilde ik het net met u over hebben. Ik vind het helemaal niet bij Bas passen om een toets zo slecht te maken. Zullen we even gaan zitten?’
‘Dag, juf!’ roept mijn vader vanuit zijn slaapkamer. ‘Komt u zich voorstellen?’
Ze kijkt me aan. ‘Mag ik?’
Ik knik en volg haar naar de slaapkamer. Er is niks aan te doen. De juf is in mijn huis en mijn vader wil haar ontmoeten.
‘Gaat u zitten.’ Mijn vader wijst op de enige stoel in zijn slaapkamer. ‘Jos, maak even thee voor deze dame.’
‘Ik doe het wel,’ zeg ik, maar oom Jos schudt zijn hoofd.
‘Jouw juf, jouw Cito-score, jouw toekomst.’
Moedeloos plof ik neer aan mijn vaders voeteneind.
‘De score van Bas bij de Cito-toets valt me tegen,’ zegt juf Denise rustig tegen papa. ‘En natuurlijk is zo’n toets niet alles. Maar ik snap het niet. Hij is een van mijn beste leerlingen, en toch heeft hij daar niets van laten zien. Als we begrijpen waar het aan ligt, dan kan hij vast gewoon naar het Rinkema. Maar als hij elke toets daar ook zo gaat maken, dan is zijn schooltijd daar van korte duur.’
Mijn vader heeft zijn ogen gesloten. ‘Bas, wat is er gebeurd tijdens de toets?’ vraagt hij. ‘Had je weer hoofdpijn?’
Juf Denise kijkt me onderzoekend aan. ‘Heb je nog steeds vaak hoofdpijn?’
Ik slik. Ik ga het niet zeggen. Ik moet hier weg. Ik sta op en zet twee stappen, dan bots ik tegen mijn oom op.

'Er is geen thee.' Oom Jos kijkt me aan met een blik die ik niet kan plaatsen. 'Er is helemaal niks.'
'Ik wilde net boodschappen gaan doen,' zeg ik snel.
'Lex,' vraagt Jos aan zijn broer, 'wat eten jullie?'
Papa tilt zijn hand op en wijst op zijn nachtkasje. Er staan witte plastic flesjes op. 'Vloeibare maaltijden van de apotheek, mijn lichaam kan geen vast voedsel aan. En Bas zorgt voor zichzelf.'
Jos kijkt me opnieuw aan met die blik. Er fonkelt een traan in een van zijn ooghoeken. 'Van welk geld?'
Ik slik.
'Van mijn bankrekening,' zegt papa. 'Hij heeft mijn pasje, hij kan gewoon pinnen.'
Ik knijp mijn ogen dicht. De grote hand van oom Jos landt op mijn schouder.
'Hoe lang is het geld al op, jongen?'
Ik wil dit niet, papa kan dit niet aan, iedereen moet weggaan, ik red me wel.
'Ik denk al maanden,' klinkt de stem van juf Denise. 'Zo lang neem ik nu al brood voor Bas mee. Vier boterhammen elke ochtend. En een glas melk. Ik ben ermee begonnen toen hij vertelde dat hij hoofdpijn had omdat hij niet had ontbeten.'
Het blijft even stil.
'Bas,' vraagt ze dan, 'mijn brood is toch niet alles wat je eet op een dag?'
'Aan het begin van de maand kan ik vaak wel boodschappen doen,' fluister ik. 'Dan heb ik macaroni en pindakaas en zo. Maar ik durf niet te veel te kopen, want de huur en de elektriciteit moeten er ook vanaf. En alle ziektekosten. Ik weet niet wat er op die rekening gebeurt, maar het geld verdwijnt zo snel en soms sta ik in de winkel en dan kan ik niet meer pinnen.'
'O, jongen toch.' Mijn vader ziet er nog ouder en zieker uit dan normaal. 'Dat had je toch moeten zeggen.'
'Je bent zo ziek,' snik ik.
'Tegen mij dan!' zegt oom Jos. Zijn hand ligt nog steeds op mijn

schouder. 'Ik kan me wel voor m'n kop slaan. Ging ik hier weg, direct naar de snackbar. Ik had patat voor je moeten kopen.' Hij kijkt naar de juf. 'En, ehm, komkommers en paprika. Kwam het door de honger dat je de toets niet goed maakte?'
'Ik denk dat het anders zit,' zegt mijn vader. 'Het gaat om haar, is het niet? Je wilt je juf houden.'
Ik knik. 'Juf Denise snapt het, maar ze doet niet moeilijk. Stel je voor dat iemand de kinderbescherming belt, of zo? En hoe moet ik aan eten komen op de middelbare school? Ik kan niet zonder dat brood.'
Alle drie de volwassenen zien er verslagen uit.
Dan recht de juf haar rug. 'We gaan vier dingen doen.'
Nieuwsgierig kijk ik haar aan.
'Ten eerste ga ik een herkansing regelen voor de Cito-toets. Ten tweede krijg je elke dag brood en kaas van mij, zolang je het nodig hebt. Ik drop het gewoon voor je deur op zondagavond en dan smeer je je boterhammen 's ochtends zelf, oké?'
Ik knik.
'Ten derde, u zorgt dat hij 's avonds eten heeft, meneer Jos.'
'Zeker,' zegt Jos. 'Ik schaam me dood. Echt, jongen, ik ga voor je koken, je weet niet wat je gaat meemaken.'
'Maar dit zijn noodoplossingen,' zegt mijn vader. 'We moeten toch voor onszelf kunnen zorgen?'
'Dat is punt vier,' zegt de juf. 'Ik ga me verdiepen in uw financiën en samen met Jos kijken of er een manier is om te zorgen dat u wat meer overhoudt aan het eind van de maand.'
'Zonder dat de kinderbescherming langskomt,' zeg ik nadrukkelijk.
'Zeker,' antwoordt de juf.
'En ik?' vraagt papa. 'Wat kan ik doen?'
'Niks,' zeg ik. 'Beter worden.'
'Ik kan niks beloven,' zegt papa. 'Maar ik wil je volgend jaar graag helpen met je huiswerk. Dat schijnt een flinke overgang te zijn, van groep 8 naar de brugklas. Je gaat het druk krijgen.'
Ik grijns. Kom maar op.

Sander Meij

DE GEHEIME MISSIE VAN INGEBORG WORMGAT

We hadden net voor de laatste keer gerepeteerd voor de musical. Morgen was het zover, dan zou ik de rol van Douwe Draaisma spelen, directeur van uitzendbureau Alles Kits. Ik had de tekst de afgelopen weken zo goed mogelijk uit mijn hoofd geleerd en was er min of meer klaar voor. *Uitzendbureau Alles Kits, met Draaisma spreekt u. Goedemorgen, alles kits met u?* Zo zou ik morgen de telefoon opnemen terwijl ik het podium op liep.
Iedereen stond een beetje na te praten. Ik zag dat drie van mijn vrienden – Mei Li, Micha en Felix – een half kringetje rond Ingeborg Wormgat hadden gevormd. Ingeborg Wormgat was een leerling die in het kader van een uitwisselingsproject tijdelijk bij ons in de klas zat.
Nietsvermoedend liep ik op hen af.
'Ik geloof er geen bal van,' zei Felix met een stem vol ongeloof. 'Zoiets is onmogelijk.'
Dit maakte me nieuwsgierig.

'En toch is het echt waar,' zei Ingeborg met haar heldere stem. In haar hand had ze een wit, glanzend apparaatje dat nog het meest deed denken aan een klein uitgevallen broodrooster. Ze tikte met haar wijsvinger tegen een hendeltje aan de zijkant. 'Als ik deze hendel naar beneden druk, wordt alle materie die ermee verbonden is naar een andere planeet verplaatst.'
'Ja hoor,' snoof Micha, 'naar een andere planeet. En op die andere planeet is zeker alles het tegenovergestelde van de onze?'
'Hoe weet jij dat nou weer?' vroeg Ingeborg verbaasd. Micha keek haar niet-begrijpend aan.
'Wat is er aan de hand?' wilde ik weten.
Mei Li knikte naar het apparaatje in Ingeborgs hand. 'Ingeborg beweert serieus dat ze een teletrans... teletransporter heeft, waarmee ze naar een andere dimensie kan reizen. Maar ik denk dat ze een grapje maakt.'
'Waarom zou ze daar grapjes over maken?' vroeg ik. Het was gewoon het eerste wat in me opkwam.
'Omdat... omdat ze een heel apart gevoel voor humor heeft?'
'Zal ik het bewijzen?' zei Ingeborg kalm. 'Zal ik laten zien dat het echt waar is?'
Felix sloeg zijn armen over elkaar. 'Bluf.'
'Nee hoor.' Ingeborg was op het oog nog steeds bloedserieus. 'Het enige wat we moeten doen, is elkaars hand heel goed vasthouden. En niet loslaten, want anders kom je tussen twee dimensies vast te zitten en daar kan je eigenlijk niet meer uit komen. Best belangrijk om te onthouden.'
'Nou, het zal mij benieuwen,' zei Felix en toen pakte hij zomaar mijn hand vast. Gingen we dit nu echt doen? Blijkbaar wel, want de rest volgde ons voorbeeld. Ik keek ons kringetje rond en voelde me een beetje belachelijk. Ik wist zeker dat Ingeborg een of andere prank met ons uithaalde. Maar ik gunde haar het plezier. Aan Mei Li's gezicht te zien, dacht zij er ook zo over. Maar Felix leek tot mijn verrassing ineens heel geconcentreerd, wat zo te zien weer tot de nodige twijfel bij Micha leidde.

'Iedereen goed vasthouden, hoor,' waarschuwde Ingeborg. 'Je wilt écht niet... kwijtraken.'
Er viel een korte stilte.
'Oké, daar gaat-ie dan. Drie, twee, een...' Met de hand waarmee ze de hand van Micha vasthield, drukte ze het hendeltje aan de zijkant van die rare broodrooster naar beneden.
Plotseling werden we omringd door een draaikolk die bestond uit verblindende witte lichtflitsen. Het leek wel alsof de aula verdween. Daarbij begon het hard te waaien. Ik kreeg het koud. Op de achtergrond klonk een laag gezoem. Hoe kwam ze nou weer aan zulke spectaculaire special effects?
Ik wilde mijn mond opendoen en zeggen dat Ingeborg wel flink had uitgepakt, alleen maar om een grapje met ons uit te halen. Maar het lawaai en de wind zwollen aan tot orkaansterkte en ik moest me schrap zetten om niet te vallen. Toen merkte ik dat de grond onder mijn voeten verdween. Uit alle macht kneep ik met mijn linkerhand in die van Felix en met rechts in die van Mei Li. Ik voelde hen op hun beurt allebei hard aan mijn armen trekken. Ik hoorde iemand gillen. Zelf was ik verstijfd van angst. Het enige wat ik kon doen, was wachten totdat dit voorbij was.

En voorbij, dat was het even plotseling als het begonnen was. Het was oorverdovend stil om ons heen. Ook de lichtflitsen waren weg, al bleven ze nog lange tijd zichtbaar op mijn netvlies, ook als ik mijn ogen dichthield. Maar toen ik wat beter kon zien waar we waren, sloeg mijn hart een slag over. Mijn mond zakte open. De aula was weg. En niet alleen de aula. De hele school was verdwenen. In plaats daarvan stonden we, nog steeds hand in hand, op een aardbeienrood gazon van fijne grassprietjes. In de oranje lucht waren enkele blauwe schapenwolkjes te zien en er scheen een zwak, paars zonnetje. Niemand durfde de hand van de ander los te laten.
'Ik zei toch dat het geen grapje was?' Ingeborgs stem klonk triomfantelijk.

‘Wat... wat is er aan de hand?’ bracht Mei Li naast me uit. ‘Waar zijn we in vredesnaam beland?’
‘Hé, dat rijmt,’ zei Ingeborg. Ze grinnikte.
‘Ingeborg...’ zei Micha langzaam. ‘Waar is de camera? Voor welk kanaal is dit? Toch niet voor *Prachtige Pranks*, hè?’
Hij liet haar hand los en zwaaide naar de lucht. ‘Hallo! We hebben jullie heus wel door, hoor! Knap gedaan dit!’
Ineens schoot me iets te binnen. Ik bracht een schor geluid voort.
‘Dorian wil wat zeggen, geloof ik,’ zei Mei Li. ‘Maar volgens mij zit zijn tong in de knoop of zo.’ Ze keek me bezorgd aan. ‘Dorian? Gaat het?’
‘Het Philadelphia-experiment,’ bracht ik uit. Ik keek ons groepje rond. ‘Dat was een experiment in de Verenigde Staten, waarbij ze schijnbaar een compleet marineschip hebben verplaatst.’
‘Ja, en?’ vroeg Micha. ‘Waar heb je anders een schip voor? Niet om de hele tijd op dezelfde plek te blijven, toch?’
‘Nee, dat is het hem nou juist: dat schip is niet gevaren, maar van de ene naar de andere plek geteletransporteerd. Dat schip was zomaar ineens – POEF – verdwenen en dook honderden kilometers verder weer op. Alsof er een zieke goocheltruc mee was uitgehaald. Totaal onverklaarbaar.’
Het bleef even stil.
‘Nou, zo onverklaarbaar is het dus niet,’ zei Ingeborg. ‘Dat is namelijk precies hoe mijn teletransporter ook werkt.’
‘Eh... w-waar is de camera?’ probeerde Micha nogmaals, maar ik hoorde aan zijn stem dat de twijfel over zijn eigen gelijk inmiddels de overhand had gekregen.
Voorzichtig zette ik een paar stappen. Het zachte, maar knalrode gras maakte een zuchtend geluid onder mijn schoenzolen.
‘Au!’ riep Mei Li. Met een gepijnigd gezicht stak ze een vinger in haar mond. ‘Ik heb me gesneden aan dit... dit... deze...’ Verbijsterd liet ze haar blik naar boven gaan en weer terug naar beneden. ‘Wat ís dit in vredesnaam?’
‘Dat lijkt wel een boom... van glas!’ bracht Felix uit. ‘Sterker nog, het lijkt wel alsof we in een compleet glazen bos zijn beland!’

Hij had gelijk: we waren omringd door bomen met takken en blaadjes van een dun soort glas. Sommige bomen bestonden uit gekleurd glas, maar andere waren doorzichtig, waardoor die moeilijk te onderscheiden bleken.
'Kijk uit, hoor, dat glas is vlijmscherp,' waarschuwde Mei Li ons. Als bewijs stak ze haar wijsvinger op. Op haar vingertop parelde een druppeltje bloed.
'Ingeborg...' bracht ik uit, 'waar zijn we? Waar heb je ons naartoe ge... teletransporteerd?' Ik keek om me heen. 'Ingeborg?'
'Eh, jongens? Waar is Ingeborg gebleven?' vroeg Felix. De onzekere klank in zijn stem verontrustte me. Normaal gesproken was Felix iemand die meer dan genoeg zelfvertrouwen had.
'Hm. Ingeborg lijkt ervandoor te zijn,' zei Micha zakelijk. 'Wat nu? Het lijkt wel alsof we op een andere planeet zijn beland.'
'Eh... eh...' stamelde ik. Mijn gedachten begonnen als golven over elkaar heen te tuimelen. Als het echt zo was dat we ons op een andere planeet bevonden, dan was Ingeborg vast onze enige kans om naar onze eigen planeet terug te keren. Maar nu was ze er stiekem tussenuit geknepen. Paniek borrelde op vanuit mijn middenrif.
'Jongens! Kijk hier!' Felix stond een eindje verderop naast een boom van blauw glas en wees op een vlijmscherpe tak. Er hing een zwart stukje textiel aan, en een pluizig plukje.
'Dit is van Ingeborgs jas afgescheurd,' stelde Felix vast. 'Ze is achter deze tak blijven haken. Dat betekent dat ze hierlangs is gekomen. Kijk, er loopt hier een soort pad.'
'Kunnen we niet beter nog even wachten totdat ze weer terug is?' vroeg Mei Li. 'Misschien moest ze wel even naar de wc en komt ze zo weer terug.'
'Daar in de verte zie ik nog een stukje voering van haar jas aan een tak,' zei Felix terwijl hij in de richting van het bospad wees.
'Het is een soort spoor,' zei Micha. 'Laten we het maar volgen.'

Felix liep voorop, gevolgd door Mei Li en Micha. Ikzelf sloot de rij. Het bospad was smal en niet al te duidelijk, maar na nog geen mi-

nuut gelopen te hebben, kwamen we een nieuwe pluk uit de voering van Ingeborgs jas tegen.
'We lopen in elk geval goed,' zei Felix. Zo te horen had hij alweer wat van zijn zelfvertrouwen teruggevonden.
'Als ik niet zo bang was, dan zou ik heel benieuwd zijn waar we zo dadelijk uitkomen,' vertrouwde Micha me over zijn schouder toe. 'Felix kan wel zeggen dat we goed lopen, maar wat betekent dat hier?'
'In elk geval lopen we in dezelfde richting als Ingeborg,' antwoordde ik schouderophalend. 'Ik ben bang dat we niet zo veel andere opties hebben op dit moment.'
We liepen een tijdje zwijgend verder.
'Au!' verbrak Mei Li onverwacht de stilte. We bleven staan en ik keek over Micha's schouder. Mei Li was tegen Felix' rug opgebotst.
'Jongens...' fluisterde Felix. 'Moeten jullie dit zien!'
Blijkbaar waren we aan de rand van het glazen bos gekomen. Het pad kwam uit op een groot, citroengeel veld, waarboven een tiental zuurstokroze bollen zweefde. Elke bol was minstens zo groot als een vrijstaand huis.
'Gruwelijk...' fluisterde Micha. 'Een nest zwevende *jaw breakers*.'
Opeens lichtte een van de bollen op. Ratelend ging er een deurtje open en werd er een trapje uitgerold. In de deuropening verscheen Ingeborg. Ondersteboven. Ze stond met haar voeten op het plafond. Haar paardenstaart bungelde tot net boven de grond.
'Ingeborg!' zei Felix nogal geïrriteerd. 'Hoezo knijp je er zomaar tussenuit? En waar zijn we in hemelsnaam beland? Wat is dit?'
Mei Li zette haar handen in haar zij. 'Ja, Ingeborg, ga je ons nog vertellen wat hier aan de hand is, of hoe zit dat?!'
Ik liep snel naar ze toe. 'Rustig nou,' maande ik hen tot kalmte. 'Vergeet niet dat Ingeborg waarschijnlijk onze enige kans is om weer terug naar onze eigen wereld te komen.'
Maar Mei Li's mond vormde een strakke streep. Ze was duidelijk kwaad en ik kon haar nauwelijks ongelijk geven.

'Sorry,' zei Ingeborg. 'Ik schaamde me. Ik wist niet meer wat ik moest doen.' Haar stem klonk mat. 'Kom maar naar boven.'
Een voor een klommen we de treden naar die rare roze bol op. Binnen was een eenvoudig ingerichte huiskamer. Het vreemde was alleen dat alle meubels kriskras door elkaar tegen de binnenkant van de bol waren geplaatst.
'Ga zitten,' zei Ingeborg.
Tot mijn verbazing kon ik gewoon tegen de binnenkant van de bol op lopen. Probleemloos ging ik zitten. De bank was zacht en leek wel van suikerspin gemaakt te zijn. De rest volgde mijn voorbeeld. Iedereen zat er naar omstandigheden ontspannen bij; de wetten van de zwaartekracht golden hier blijkbaar niet.
'Ik snap jullie verbazing,' begon Ingeborg. 'Het meeste op de planeet Edraa is omgekeerd aan de situatie op aarde.'
'Omgekeerd?' vroeg Micha verbaasd.
'Ja, als in: het tegenovergestelde van hoe het op aarde is.'
'Wacht even, hoor... hoe heet het hier, zei je?' vroeg Mei Li terwijl ze zich loom onderuit liet zakken.
'Edraa,' zei Ingeborg. 'Dit is mijn thuisplaneet.' Ze gebaarde om zich heen. 'En dit is mijn pod. Als je het woord "pod" omdraait, staat er trouwens nog steeds "pod".'
'Niet waar,' zei Felix, 'als je het woord "pod" omdraait, staat er "dop".'
'Nee hoor, dat is als je het achterstevoren leest,' vond Ingeborg. 'Ik bedoel als je het woord "pod" letterlijk omdraait. Dan staat er nog steeds "pod".'
'Ik zou haar maar gewoon gelijk geven, Felix,' zei Mei Li met een grijns.
'Mijn missie op aarde zit er bijna op,' ging Ingeborg door. 'Ik moest het leven in groep 8 op de planeet aarde bestuderen en daar een werkstuk over maken.'
'Je bent toch op een uitwisseling?' vroeg ik.
'Ja, klopt. Een intergalactische uitwisseling,' zei Ingeborg onbewogen.

Felix kneep zijn ogen tot spleetjes. 'Betekent dit dat je... dat je een buitenaards wezen bent?'
Ingeborg keek hem recht aan. 'Sorry, Felix, maar dat soort woorden gebruiken we hier niet. Wij spreken tegenwoordig liever van "nieuwsgierig organisme". En mijn missie is zo goed als klaar. Er was nog maar één ding dat ik moest doen voordat ik terug naar huis mocht, alleen...' Haar stem trilde; het leek wel alsof ze op het punt stond om in tranen uit te barsten.
'Ingeborg?' vroeg ik ongerust. 'Wat is er? Gaat het?'
Ze keek me verdrietig aan. 'Het is de musical,' zei ze zacht. 'Ik kan het niet. Daarom ben ik ertussenuit geknepen. Als ik hier ben, kan ik onmogelijk meedoen.'
Micha, Mei Li, Felix en ik wisselden wat verbaasde blikken met elkaar. 'Ben je zenuwachtig?' vroeg ik. 'Is dat het?'
Ingeborg knikte. 'Enorm. Ik ben zo bang om mijn tekst te vergeten. En dat het publiek me zal uitlachen. Ik... ik durf het gewoon niet!'
Ik kwam overeind en liep naar haar toe, zonder daarbij door te hebben wat boven of beneden was, en legde een arm om haar schouder. 'Ik vind het eigenlijk ook hartstikke spannend,' gaf ik toe. 'Maar je hoeft echt niet bang te zijn. Niemand zal je uitlachen.'
'Hoe weet je dat zo zeker?' vroeg Ingeborg sip.
'Omdat het publiek bestaat uit mensen die allemaal het beste voorhebben met groep 8 natuurlijk!' riep Mei Li uit voordat ik kon antwoorden. Ze stond ook op, kwam naar ons toe en legde haar arm om de andere schouder van Ingeborg.
'Zo is dat!' riep Micha uit. Ook hij kwam nu op ons af. 'Niemand gaat ons uitlachen, dat beloof ik je.'
'En als je je tekst vergeet, dan zit juf Jellie aan de zijkant van het podium met een tekstboekje,' zei Felix geruststellend. 'Als je haar aankijkt, dan zegt ze zachtjes jouw tekst voor je voor. Dan hoef je die alleen maar te herhalen.'
Het was waar. Dat hadden we zo afgesproken. Iedereen was namelijk wel een beetje zenuwachtig voor de musical. Dat hoorde erbij, had de juf ons verteld.

‘Wij helpen je wel,’ beloofde Mei Li. ‘Gewoon van tevoren even kort mediteren om tot rust te komen. Ik weet een goeie ademhalingsoefening. Werkt supergoed!’
Ingeborg keek naar Mei Li. ‘Echt?’ vroeg ze met een dun stemmetje.
‘Echt.’
Op dat moment schalde er een schril, vals melodietje door de bol.
‘O nee, hè,’ zei Ingeborg geschrokken. ‘Dat zijn mijn ouders.’ Met een zucht maakte ze een gebaar alsof ze een vierkant in de lucht tekende, waarna op diezelfde plek uit het niets een zwevend plasmascherm met daarop een videobeeld van drie personen verscheen. Ze droegen alle drie een felgekleurde, glimmende pyjama en keken niet erg blij.
‘Pap, mam, pam,’ zei Ingeborg met haar ogen neergeslagen. ‘Hoi...’
Een van de drie, een man met een grijze baard, stak zijn hoofd wat dichter naar het oog van de camera toe. ‘Ingeborg, Ingeborg, Ingeborg... wat denken wij dat we aan het doen zijn?’
‘Ja,’ zei de persoon naast hem. ‘Dat zou ik ook wel eens willen weten.’
De derde volwassene sloeg de armen over elkaar. ‘Dit is dus absoluut niet de bedoeling,’ klonk het bars. ‘Het idee van een geheime missie is dat die geheim blijft! Bovendien is hij bijna achter de rug, waarom breek je hem dan op het laatste moment af?’
‘Ik... ik...’ mompelde Ingeborg. Ik zag tranen in haar ooghoeken opwellen. Er ontsnapte een raar geluidje aan haar keel. Het leek me tijd om in te grijpen.
‘Hallo, mensen,’ zei ik en ik zwaaide als een oen naar het zwevende scherm. ‘Als ik misschien even mag...’
‘Ingeborg, wie is die jongen?’ vroeg de man met de baard op ijzige toon.
‘Ik ben Dorian. En dat zijn Micha, Felix en Mei Li. Wij zijn Ingeborgs vrienden en we zitten nog heel even bij elkaar in de klas, voordat de vakantie begint en we naar de middelbare gaan.’ Ik slikte en haalde een keer diep adem. ‘Morgen is de musical. Ik speel Douwe Draaisma van uitzendbureau Alles Kits en Ingeborg... Ingeborg, wie ben jij ook alweer?’

‘Ik ben mevrouw Ten Cate,’ zei ze. ‘Mevrouw Ten Cate die dringend op zoek is naar een vervangende clown voor in haar circus.’
‘Juist,’ merkte ik op. ‘En misschien weet u het niet, maar spelen in een musical kan best spannend zijn. Ingeborg heeft ons dus net verteld dat ze haar, eh, haar missie heeft afgebroken omdat ze plankenkoorts heeft!’
Het blijft even stil op het scherm.
‘Plankenkoorts?’ vroeg een van de ouders van Ingeborg toen. ‘Wat is dat? Een ziekte die je oploopt als je een splinter hebt en allergisch bent voor hout?’
‘Plankenkoorts betekent dat je zenuwachtig bent voor de opvoering,’ legde ik uit. ‘Het zou dan ook geweldig zijn als u Ingeborg zou kunnen steunen, in plaats van zo boos te doen! Dan beloven wij niks te verklappen over haar missie!’
De drie ouders van Ingeborg zetten hun microfoon uit en overlegden met elkaar.
‘Vooruit dan maar,’ zei de volwassene aan de linkerkant van het scherm. ‘Ondanks het feit dat je met je onverantwoorde gedrag de geheime missie ernstig in gevaar hebt gebracht, snappen we dat je zenuwachtig bent. Maar dat mag geen reden zijn om je aardse vrienden in gevaar te brengen. Je weet toch hoe link het teletransporteren van aardbewoners kan zijn?’
Ingeborg knikte. ‘Ja, pama, dat weet ik.’
Pama fronste. ‘Ze kunnen spontaan ontvlammen!’
Ik wisselde een bezorgde blik met de rest.
‘Ga nou maar snel terug naar aarde,’ zei de man met de grijze baard en hij stak zijn duim op. ‘Ik weet zeker dat je een geweldige mevrouw Ten Cate zult zijn morgen! En wij volgen alles natuurlijk gewoon vanuit hier op het scherm!’
Huh, dacht ik, betekende dit soms dat ze ons de hele tijd konden zien? Best creepy!
De volwassene die in het midden zat, wierp Ingeborg een kushandje toe. ‘Zet hem op!’
‘Je kunt het!’ riep de derde uit. ‘Ik ben apetrots op je!’

Toen Ingeborg de verbinding met haar drie ouders had verbroken, haalde ze het broodroostertje weer tevoorschijn en pakten we elkaars handen weer. Ik probeerde niet te denken aan spontaan ontbranden toen ze het hendeltje naar beneden haalde en onze terugreis naar de aarde begon.

Onze aankomst was nogal luidruchtig: we landden midden op het podium in de aula en dat maakte dus best veel kabaal. De enige andere aanwezige op dat moment was juf Jellie. Ze stond toevallig net met haar rug naar het podium toe en draaide zich geschrokken om toen we opgelucht en nog helemaal heel overeind krabbelden. Juf Jellie keek verward in onze richting, zette haar handen in haar zij en schudde toen haar hoofd. 'Eh... waar komen jullie nou weer vandaan? Ik dacht dat jullie allang naar huis waren.'

'Wij? Naar huis?' vroeg Mei Li verbaasd. Zij was de beste toneelspeler van ons allemaal en dat kwam nu goed van pas. 'Hoe kom je daar nou bij? Als we naar huis waren gegaan, dan hadden we toch wel even gedag gezegd?'

'We zaten gewoon in de coulissen,' vulde Micha aan, 'om de laatste details voor morgen nog even goed door te nemen.'

'Ach ja, natuurlijk, natuurlijk,' prevelde juf Jellie, 'heel verstandig van jullie.' Ze veegde een pluk haar uit haar gezicht en zuchtte. 'Ik hoop dat jullie het me niet kwalijk nemen, maar ik ben een beetje in de war. Het zal de spanning wel zijn. En de drukte rond het einde van het schooljaar. Eerlijk gezegd voelt het soms alsof ik met mijn hoofd op een andere planeet zit!'

'Dat snappen we heel goed hoor, juf,' zei ik begrijpend. 'Zo voelt het voor ons soms ook!'

Marc ter Horst

GROEP 8 AFGESCHAFT

We kregen de brief de dag voor de meivakantie. Het was zo'n envelop die ze altijd gebruiken: *Aan de ouders/verzorgers van*. Maar achter *van* stond niet mijn naam, maar: *BELANGRIJK!*

'Geef de brief vandaag nog aan je ouders!' zei meester Gijs. Daaruit begreep ik dat mijn ouders de ouders van *BELANGRIJK!* waren en dat ik dus *BELANGRIJK!* was. Maar alle kinderen van groep 7 hadden dezelfde brief gekregen. Dus we waren allemaal *BELANGRIJK!*

Ik stopte de brief in mijn rugzak en rende samen met Boris het lokaal uit. Groep 8 was nog bezig en dan wist ik precies wat er ging gebeuren. Boris zou op zijn tenen langs de ramen lopen. Niet om stil te zijn, maar om een glimp op te vangen van Rosa, het meisje op wie hij al jaren verliefd was, maar tegen wie hij nooit iets durfde te zeggen.

'Nu kan het nog,' zei hij. 'Straks zit ze op de middelbare.'

Op het digibord zagen we een kolkende massa lava uit een vulkaan komen. Juf Mimi van groep 8 stond erom bekend echt de gaafste

lessen van de hele school te geven. Haar klas was altijd de laatste die naar buiten kwam en de meeste kinderen vonden dat niet eens erg.
Op het magneetbord bij de deur waren de letters van GROEP ACHT omgehusseld tot GEOPRACHT.
'"Geo" betekent aarde,' wist Boris. 'Vandaar die vulkanen waar Rosa's ogen nu naar kijken.'
Op de een of andere manier lukte het juf Mimi altijd om met die negen letters bij het thema van dat moment aan te sluiten. Al moest ze soms wel een beetje sjoemelen. Toen ze de negentiende eeuw behandelde, had ze met de letters OEPGRACHT gevormd en er met een blauwe stift een P voor geschreven.
Je snapt wel dat we niet konden wachten tot we ook bij juf Mimi zaten. Dan mochten we ook in de CHATGROEP. Mijn broer Liang deed daar altijd heel geheimzinnig over.

Toen ik thuiskwam, gooide ik mijn rugzak onder de kapstok. Die had ik de komende week niet nodig. Maar op zaterdag was ik vroeg wakker. Nog steeds het ritme van de schooldagen. Ik probeerde uit alle macht verder te slapen, maar dat zat er gewoon niet in. En dan komen er altijd gedachten bovendrijven: angsten, zorgen, wensen. En ineens werd ik nieuwsgierig naar de brief. In mijn onderbroek sloop ik de trap af en ik voelde met mijn hand tussen het klamme propje gymkleren. Die mochten er ook wel een keertje uit.
Ik was verbaasd dat de envelop niet was dichtgeplakt. Hoe belangrijk kon het dan zijn? Ik haalde de brief uit de envelop, vouwde hem open en las:

Beste ouders, verzorgers,
Zoals u wellicht weet gaat juf Mimi naar een andere school. Wij hebben alles in het werkgesteld om een goede vervanger voor haar te vinden. Dat blijkt in het huidige tijdgewricht helaas onmogelijk! Er heerst een groot lerarentekort! Derhalve zien wij ons genootzaakt om vanaf volgende schooljaar groep 8 af te

schaffen. Alleen op die manier kunnen wij voor de overige leerlingen de door ons zo gewensde kwaliteit garanderen. Wij begrijpen dat dit een boel vragen oproept. Deze zullen wij naar de meivakantie zoveel mogelijk proberen te beantwoorden!
Groetjes, Gijs

In mijn klas stond ik bekend als de spellingnerd. Ik zag zo al drie of vier fouten. Maar ik was natuurlijk vooral geschokt door de inhoud van de brief. Dit was echt wel *BELANGRIJK!*
Meteen appte ik Boris of hij de brief al had gelezen. Aan de grijze vinkjes te zien lag hij nog te pitten.
Hoe kon je groep 8 nou afschaffen? Dat sloeg toch gewoon nergens op? En ik wist helemaal niet dat juf Mimi wegging. Wisten mijn ouders dat wel? Daar kwam er net een de trap af. Het was de mannelijke ouder, ook wel bekend als vader.
'Morgen Kai!'
'Hoi pap.'
'Wat doe jij hier in je onderbroek?'
'Ik wou me net gaan douchen, maar wist jij dat juf Mimi wegging?'
'De juf van Liang? Nee, wanneer?'
'Volgend jaar, als ik naar groep 8 ga.' Wat dus niet ging gebeuren.
'Goh, jammer,' zei pa. Volgens mij drong het niet echt tot hem door.
Onder de douche schoten allerlei gedachten door me heen. Kregen we wel een eindtoets? Wat werd mijn schooladvies? Gingen we op kamp? En wat moest ik volgend jaar eigenlijk doen? Geen eindmusical in ieder geval. Daar was ik niet rouwig om. Ik droogde me af en deed gel in mijn haar. Klaar voor de dag.
'Hoe kom je daarbij van juf Mimi?' vroeg mama toen ik weer beneden kwam.
'Ik had een brief meegekregen van school.'
'Waar is die brief dan?'
Ik zocht hem op en gaf hem aan mijn moeder. Het was echt grappig om naar haar gezicht te kijken terwijl ze las. Toen ze hem uit had, gaf ze hem zwijgend aan papa. En die keek al net zo bedenkelijk.

'Zeg Kai, die Gijs is toch jouw meester?' vroeg mijn moeder.
'Ja, hoezo?'
'Spellen kan hij niet.'
'Je zou bijna denken dat hij het expres doet,' zei mijn vader.
'Precies,' vond mama. 'En die uitroeptekens mogen ook wel wat minder. Maar groep 8 afschaffen, dat kan natuurlijk niet zomaar.'
'Ik vind het wel een creatieve oplossing voor het lerarentekort. In groep 7 weet je toch alles al.'
'En voor sommige leerkrachten schijnt groep 8 ook wel te moeilijk te zijn. Kijk maar naar die brief van Gijs.'
'Maar hoe moet dat dan met de eindtoets en de middelbare?' vroeg ik.
'Je kunt nu gezellig met Liang mee naar de brugklas,' zei mijn vader.
'Maar het zal vast zo'n vaart niet lopen,' dacht mam. 'We gaan na de vakantie eens even goed met die school van jou praten.'

Ik liep naar de keuken en smeerde een boterham. Van mijn ouders moet ik op zaterdag altijd de krant lezen, maar ik vond de appjes van Boris interessanter. Er stonden er acht onder elkaar.

Boris
Wat een weirde brief!

Boris
Dat slaat toch nergens op!?!

Boris
Geen juf Mimi 😭

Boris
Maar wel tegelijk van school met Rosa 😍

Boris
Hé gast, ben je daar wel?

Boris
We moeten als de wiedeweerga een middelbare school zoeken.

Boris
En uitzoeken naar welke Rosa gaat.

Boris
Gast?

En dus fietsten Boris en ik op de maandag van de vakantie langs de middelbare scholen in onze stad. Wat waren het er veel! En wat was het onzinnig om er langs te gaan. Bijna overal troffen we gesloten deuren en een leeg schoolplein. Noemde je dat nog zo op de middelbare? Met de handen boven onze ogen stonden we tegen het raam en keken naar binnen bij het Montessori College.

'Hier heb je alle niveaus,' zei Boris, 'van vmbo tot vwo.'

'Dat is wel handig dan. Ik denk dat ik wel havo kan, maar je weet maar nooit.'

'Heb je het Liang nou al gevraagd?'

'Wat?'

'Wat Rosa doet?'

'Ach, daar laat je je schoolkeus toch niet van afhangen.'

'Waarvan dan wel?'

'Of het je niveau is. Of het ver is. Of de sfeer goed is.'

'Nou, die sfeer merk ik hier niks van.'

'En of *ík* erheen ga natuurlijk.'

Boris knikte naar het krat voor op zijn fiets. 'Voetballen?' vroeg hij.

'Oké.'

We pakten de bal uit het krat en renden het schoolplein op of hoe dat ook mag heten.

'Ik heb helemaal geen zin om naar de middelbare te gaan,' riep ik.

's Avonds vroeg ik het aan Liang.
Hij keek op van zijn scherm en haalde één oor onder zijn headset vandaan. 'Huh?'
'Of je weet naar welke school de rest van jouw klas gaat.'
'Van mijn vrienden wel.'
'En van Rosa?'
'Rosa?' Hij keek me nieuwsgierig aan, klaar om me uit te lachen. 'Wat moet jij van Rosa?'
'Boris!' zei ik gauw. 'Boris wil het weten.'
'Nou, ik heb geen flauw idee. Maar wat kan het jullie schelen?'
'Boris wil naar dezelfde school als zij volgend jaar.'
'Ach, geloof je nou echt dat die brief serieus is? Dat is typisch weer zo'n streek van Gijs.' Liang zette zijn koptelefoon weer op.
Nog net op tijd kon ik vragen: 'Wat bedoel je?'
'Als Mimi naar een andere school zou gaan, had ik het echt wel geweten. Gijs neemt jullie in het ootje. Geloof me nou maar. En als Boris slim is, vertelt hij Rosa gewoon eerlijk en oprecht hoe hij erover denkt.' Hij tikte op het scherm ten teken dat YouTube nu weer belangrijker was dan zijn broertje.
Misschien had hij wel gelijk. Het was ook te bizar voor woorden. Ik appte Boris.

Kai
Liang weet het niet.

Boris
Sh*t!

Kai
Maar hij zegt ook dat de brief een prank is.

Boris
Nee joh. Dat slaat toch nergens op?

Kai
Denk je dat het wel echt is dan?

Boris
Tuurlijk.

Maar volgens mij zei hij dat vooral omdat hij wílde dat het echt was.

De dagen daarna dacht ik nauwelijks meer aan de brief. Ik ging ervan uit dat Liang gelijk had. En als dat niet zo was, zou de school vast wel een oplossing bedenken voor de eindtoets en de schoolkeuze en hopelijk niet voor de musical.
Ik logeerde tot het eind van de week bij opa Boek. We gingen naar de dierentuin, maakten noedels, deden spelletjes, en zoals altijd vertelde hij me de meest wonderlijke dingen. Mijn oma heb ik nooit gekend, maar het verhaal gaat dat opa sinds haar dood vrijwel elke dag in de bieb zit. En maar lezen. Daarom noemen we hem altijd opa Boek.
Toen ik hem van de brief vertelde, kwam hij met een afschuwelijk verhaal. Een paar eeuwen terug was er een paus die doodleuk besloot om in het jaar 1582 ineens tien dagen over te slaan. Er waren dus gewoon kinderen die dat jaar helemaal niet jarig waren! Echt belachelijk. Maar opa zei dat dat nodig was om de kalender gelijk te zetten met de sterren of zo. Nu begon ik toch weer te twijfelen. Als een paus voor de halve wereld tien dagen kon schrappen, dan kon een school ook voor zesentwintig kinderen een schooljaar schrappen.

Op zaterdag, ik was alweer thuis, stuurde Boris me een linkje. Ik klikte, zag een blauw logo en hoorde een knullige jingle: 'Tee vee ree gie jooo!' Direct daarna kwam deze zin in beeld: *Groep 8 afschaffen, een goed idee?* Verschillende passanten kregen een microfoon onder de neus bij de uitgang van de Jumbo. Dat riep de meest uiteenlopende reacties op:

'Waar moet het heen met de wereld?'
'Waarom schaffen ze groep 1 dan niet af? Daar leren ze toch niks.'
'Ik ben de appelmoes vergeten.'
'Super! In groep 8 lopen ze toch alleen maar te puberen.'
'Laten ze eerst het koningshuis maar eens afschaffen.'
'Het maakt mij niet uit, ik zit volgend jaar op het Olympus.'
Dat was Rosa, die laatste. Vandaar dus dat Boris hem stuurde. Maar als de pers dit serieus nam, dan zou het dus wel waar zijn... Hoewel TV Regio wel vaker onzinnige filmpjes maakte. Misschien werkte meester Gijs zelfs wel voor ze.

Zo bleef ik maar twijfelen. Ik kon niet wachten om maandag weer naar school te gaan. Stel nou dat het waar was. Mijn ouders viel ik er niet meer mee lastig. Die zeiden toch dat ik eerst maandag maar eens af moest wachten. En dat was natuurlijk ook zo. Maar op de een of andere manier vonden mijn hersens het nodig om steeds weer die toekomst te verkennen waarin ik al binnen vier maanden naar de middelbare ging. Met allemaal kinderen die een jaar ouder waren, een kop groter, een stuk slimmer, en die al hadden gezoend of wie weet wat nog meer.

De gang op maandagochtend klonk anders dan anders. Normaal hoorde je een en al geschreeuw en geren, maar nu was het vooral geroezemoes.
'Mijn moeder zegt... Mijn vader zegt... Ik ga naar het vwo... Ik blijf nog liever zitten.'
Het was wel duidelijk dat iedereen in de meivakantie bezig was geweest met de belangrijke brief. Net als ik natuurlijk. Maar toen ik de letters op het infobord van juf Mimi zag, ging er een zucht van opluchting door me heen. De woorden waren een beetje mysterieus deze keer, maar ik dacht dat ik wel wist wat ze bedoelde.
'Ga je morgen mee naar het Olympus?' vroeg Boris toen hij naast me ging zitten.
'Wat doen?'

'Ik heb een afspraak bij de decaan, samen met mijn vader.'
'Wat is een decaan?'
'Dat is iemand die je helpt met je studiekeuze. En jij mocht ook mee.'
Ineens werd de klas stil, sneller dan ooit tevoren. Meester Gijs kwam binnen en iedereen keek vol verwachting in zijn richting.
'Goedemorgen allemaal. Hebben jullie een goede vakantie gehad?'
Er klonk wat gebrom. Niemand had zin om over de vakantie te vertellen voordat Gijs opheldering had gegeven over de brief.
'Nou, als niemand een leuke vakantie heeft gehad, dan beginnen we gewoon met het nieuwe bovenbouwthema.'
We keken elkaar aan. Ging hij nou helemaal niks vertellen over de brief?
'Is er iemand die al weet wat het nieuwe thema is?' Ik voelde mijn hart bonken. Zou ik het doen?
'Helemaal niemand?' Hij draaide zich om naar het digibord en pakte een stift om te gaan schrijven.
'Het nieuwe thema is...'
'Nepnieuws!' riep ik.
Iedereen keek mijn kant op en Gijs schreef op het bord: NEPNIEUWS.
'Heel goed, Kai, maar hoe weet je dat?'
'De brief over juf Mimi.'
'Is die nep?' riep Lisa.
Gijs keek uitdagend de klas in, alsof hij ons maar domme kinderen vond. 'Natuurlijk is die nep, wat dachten jullie dan?' Met een paar tikken op het digibord toverde hij de brief tevoorschijn. 'Ik zou toch nooit zo veel fouten maken en zo plechtig schrijven? En denk je echt dat zo'n belangrijke brief van mij zou komen en niet van de directeur? En dat er dan "groetjes" onder zou staan?'
'Maar waarom staan er zo veel fouten in dan?' vroeg Mo.
'En waarom van die dure woorden: tijdsgewricht, derhalve...?' vroeg Lisa.
'Om te laten zien waar je nepnieuws aan herkent.'
'Maar het was op tv!' riep Raf.

'Ja, dat had ik ook niet durven dromen. Maar als iets op tv is, is het nog niet echt. De media zijn altijd wel gek op een stukje sensatie.'
Een beetje verbaasd keek Gijs rond. Toen ging hij verder. 'Maar hé, zijn jullie nou teleurgesteld dat juf Mimi niet weggaat en dat jullie volgend jaar gewoon naar groep 8 gaan?'
'Nee, nee, nee,' klonk het overal om me heen. Ik denk dat de opluchting nu pas doordrong, nadat iedereen eerst even baalde dat ze erin waren getrapt. Alleen rechts van mij bleef het stil. Boris was erin getrapt en was niet opgelucht.
We liepen als laatsten de klas uit. Ik zeurde wat over mijn vrees voor de eindmusical, om Boris' teleurstelling een beetje tegenwicht te geven. Groep 8 had al pauze.
Toen we het plein op liepen, kwam Liang zowaar op me af. 'Kom eens mee,' zei hij.
We lieten Boris even achter en dat bleek precies de bedoeling te zijn. Toen ik omkeek, zag ik dat Rosa naar hem toe liep.
'Wat is dit?' vroeg ik mijn broer.
'Ik heb gevraagd naar welke school ze ging.'
'Het Olympus,' zei ik.
'Ja, maar ze wou weten voor wie ik dat vroeg. En toen ik het zei, werd ze helemaal rood.'
'Heb je gezegd dat het Boris was?!'
'Natuurlijk. Waarom niet?' Ik dacht weer aan de twee woorden op het magneetbord bij groep 8 en keek samen met Liang in de richting van Boris en Rosa, die een beetje verlegen met elkaar stonden te praten. Toen zagen we Rosa weglopen.
'Goed gedaan, broer,' zei ik en ik liep gauw terug naar Boris, die ongelovig voor zich uit staarde.
'Vind je het goed als ik vanmiddag niet meefiets?' vroeg hij.
'Tuurlijk, want?'
'Ik... ga... afspreken... met... Rosa.' Hij zei het alsof hij van elk woord de zoete smaak even moest proeven. Ik gaf hem een woeste high five en wilde er nog een geven, maar Boris schoot alweer in de bescheiden Boris-houding.

De bel ging en iedereen stroomde de school weer in, groep 8 vooroop.

'Weet je zeker dat ze je niet in de maling neemt?' vroeg ik, half voor de gein. Hij moest even denken en zei toen: 'Ja. Ja, Rosa doet niet aan nepnieuws.'

We liepen net langs het lokaal van juf Mimi. Volgend jaar zouden wij daar zitten. De negen letters op het bord vormden twee woorden: GA OPRECHT.

Joke Reijnders

HEBBES!

'Isla! Stop met kletsen met Fidan en herhaal wat ik heb gezegd!' zei meester Bart.

'Eh...' zei Isla, die even uit het veld was geslagen, maar zich snel herstelde: 'We lopen in groepjes van twee of drie door de stad. Onderweg komen we vossen tegen die een opdracht voor ons hebben om uit te voeren. Als je slaagt voor de opdracht, krijg je een muntje van hen. Wie de meeste muntjes heeft verzameld, wint het spel.'

'Eh... Dat klopt,' zei meester Bart, ook een beetje uit het veld geslagen.

Fidan grinnikte. 'Hij dacht dat we niet hadden opgelet,' fluisterde ze tegen Isla.

'Maar je mag niet gespot worden door de wakers. De wakers hebben een zaklantaarn. Als die op je schijnt, ben je af. Ze hoeven je dus niet te tikken of je een rode kaart te geven of zo,' vulde meester Bart aan. 'Zit je in een lichtbundel, dan heb je pech.'

Juf Ragna knipte ter illustratie haar zaklantaarn aan en scheen in Fidans gezicht. 'Hebbes!'
'Argh. Begrepen!' zei Fidan met dichtgeknepen ogen.
'Als je bent gespot, moet je al je verzamelde muntjes aan de waker geven. Je hebt anderhalf uur de tijd om zo veel mogelijk opdrachten uit te voeren!' zei meester Bart. 'Als het halftien is, ben je weer op het schoolplein. Voor de winnaars van het Hebbes!-spel zijn er heel veel marshmallows om te roosteren – en voor de verliezers ook.'
'Klaar?' vroeg juf Ragna. 'Af!'

Isla en Fidan renden de klas uit, de gangen door en het schoolplein af. De meeste kinderen sloegen rechts af, in de richting van de winkelstraten.
'Zullen wij linksaf gaan?' stelde Fidan voor. 'Anders lopen we met zijn allen achter elkaar aan de vossen te zoeken en daar is niets aan.'
Meester Bart gaf vandaag precies vijfentwintig jaar les op school en om dat te vieren was er een week lang feest. Vannacht zouden alle leerlingen van de bovenbouw op school slapen. De meesters en juffen hadden een groot spel georganiseerd, de klassen en de gemeenschappelijke ruimte lagen vol matrassen, kussens en slaapzakken en na een (waarschijnlijk heel korte) nacht en het ontbijt de volgende ochtend zou iedereen weer naar huis gaan.
Fidan en Isla trokken een sprintje naar de hoek van de straat en sloegen daar rechts af, in de richting van het park. Isla haakte haar arm door die van Fidan. 'Liever om het park heen in plaats van erdoor. Het is er zo donker...'
'Je bent een bangerd,' zei Fidan, maar het klonk lief.
Ze passeerden het Leyland Lyceum. Er brandde een zwak oranje licht in de gangen van het verder donkere gebouw.
'Weet jij al waar je heen wilt?'
'Ik weet het nog niet. Het Stedelijk heeft yoga,' zei Fidan.
'Het Leyland heeft een zeeclub. Dit jaar zijn ze naar de Waddeneilanden gezeild en hebben ze daar het strand schoongemaakt. En een theatergroep. Jij wilt toch naar de toneelschool?'

Fidan haalde haar schouders op. 'Soms. Ik probeer wel eens wat op mijn kamer, of ik neem mezelf met mijn telefoon op, maar ik vind dat wat ik doe niet overtuigend is. Misschien moet ik toch iets anders kiezen.'
'Je hebt nog jaren om te oefenen!' zei Isla. 'En dat kun je dan mooi op het Leyland doen.'
Net toen ze een straat met statige huizen insloegen, vielen de straatlantaarns plotseling uit.
Isla gilde en greep Fidans arm beet.
'Isla!' zei Fidan. 'Doe normaal, ik schrik me gek.' Maar ze klemde zich ook aan haar vriendin vast.
Drie tellen lang was de straat in een zwartfluwelen duisternis gehuld. Toen knipperden de lantaarnpalen een paar keer en begonnen met een zachtgeel licht te branden.
'Sorry,' mompelde Isla. 'O, kijk! Daar loopt een vos!' riep ze toen uit.
Iets verderop in de straat liep een gehaaste vrouw. Ze droeg een lange rok, een lange overjas en ze had een grote hoed met bloemen op haar hoofd.
Fidan en Isla renden naar haar toe.
Ze tikten de vrouw op haar schouders. 'Hebbes!' zeiden ze in koor.
De vrouw draaide zich om, een hand geschrokken op haar borst.
'Jullie laten me schrikken,' zei ze, ietwat verontwaardigd.
Het was juf Ragna. Haar lange donkere haar was opgestoken in een ouderwetse lage rol onder haar hoed. Ze zag eruit als een oud schilderij.
'Hebbes!' herhaalde Fidan. 'Wat is de opdracht?'
'De opdracht?' herhaalde de vrouw. Ze bekeek Fidan en Isla van top tot teen. 'Zijn jullie zwerfkinderen? Hebben jullie geld nodig?'
Fidan en Isla keken elkaar aan. Juf Ragna zat goed in haar rol.
'We moeten u ergens mee helpen,' zei Fidan. 'U hebt een opdracht voor ons, in ruil voor een muntje.'
'Ah. Dus het gaat toch om geld,' zei de vrouw. Ze keek gejaagd naar de verlichte ramen van het huis waar ze voor stonden. Naast het

huis was een met klimop begroeide muur, met daarin een groot ijzeren hek en een kleine houten deur. Toen keek ze opgetogen naar Isla en Fidan.

'Een opdracht zou ik het niet willen noemen,' zei ze, 'maar ik zou erg erkentelijk zijn als jullie me zouden kunnen helpen. Ik wil jullie er zelfs wat geld voor geven.'

'Prima. Wat moeten we doen?' vroeg Isla.

Juf Ragna wees naar het huis. 'Ik moet naar binnen.'

'Eh... juf Ragna...' zei Fidan verbaasd. 'We gaan u toch niet helpen met inbreken?'

'Het is "juffrouw Suze",' verbeterde de vrouw. 'En natuurlijk ga ik niet inbreken. Ik woon hier. Het probleem is dat niemand me mag zien. Iedereen denkt dat ik al binnen ben.'

Fidan en Isla keken elkaar weifelend aan.

'O, vooruit, ik heb hier geen tijd voor,' zei de vrouw geërgerd. 'Ik moet naar binnen, voordat ze me komen halen om naar de schouwburg te gaan en ontdekken dat ik niet op mijn kamer ben. Ik zal het jullie snel uitleggen: ik volg lessen in biologie aan de universiteit. In het geheim. Mijn vader is er namelijk erg op tegen dat vrouwen onderwijs volgen. Maar ik doe het toch. Ik heb alle boeken van Charles Darwin gelezen en ik wil net als hij dieren bestuderen. Alleen... het huurrijtuig dat ik nam vanaf de universiteit verloor onderweg een wiel, dus ik moest het grootste deel te voet de stad door, want ik kon nergens anders een rijtuig aanhouden. En nu ben ik verschrikkelijk te laat. Ik geef jullie allebei een stuiver als jullie me helpen, maar dan moet het wel nú gebeuren.'

'Geen probleem, we helpen u!' zei Fidan. 'Daar zijn we voor.'

'Uitstekend. Als jullie aanbellen bij de voordeur, ga ik door de tuin en de keukendeur naar binnen. Vraag naar mijn vader en hou hem aan de praat, zodat ik hem niet tegenkom in het huis.' De vrouw gaf Isla een duwtje in de richting van de voordeur, draaide zich om en haastte zich naar het tuinhek.

Isla keek twijfelend naar de voordeur.

Fidan stond inmiddels bij het tuinhek. Door de spijlen van het hek

zag ze juf Ragna, die voor het spel blijkbaar 'juffrouw Suze' heette, nog net het huis binnenglippen. In een bijgebouw in de tuin brandde licht. Fidan zag er de schimmen van mannen die bezig waren een paard voor een koets te spannen.
Een stal in de tuin voor koetsen en paarden! Bizar. Het leek wel alsof het spel deel uitmaakte van een grote escapegame. Zouden alle opdrachten zo groots opgezet zijn?
'Snel!' zei Fidan tegen Isla. 'Ze is al binnen!'
'Hoe komen we dan aan dat muntje voor het spel?'
'Ik denk dat we dat krijgen als we slagen voor de opdracht.'

Op de dubbele voordeur van het huis waar juffrouw Suze naar binnen was gegaan, hing een klopper in de vorm van een leeuw met een ring in zijn muil. Aarzelend liet Isla de klopper op het hout neerkomen.
'Dat hoort niemand,' zei Fidan. Ze keek om zich heen en ontdekte een ouderwetse trekbel naast de deur. Ze gaf er een enorme ruk aan en liet voor de zekerheid ook de klopper een paar keer daverend op de deur neerkomen. In het huis klingelde de bel alsof hij nooit meer zou ophouden.
Binnen een halve minuut werd de deur geopend. In de deuropening stond een dienstmeisje in een zwarte jurk met een wit schort. Achter haar gaapte een enorme hal met een marmeren vloer. Een brede donkerhouten trap met een dikke loper leidde naar een bovenetage met een marmeren balustrade.
'Allemachtig,' mompelde Isla verbaasd. 'Eh... We willen graag praten met de meneer van dit huis,' zei ze toen.
'Met de meneer van dit huis?' herhaalde het dienstmeisje.
'De... de vader van juf Ragna – van juffrouw Suze!' verbeterde Isla snel.
Het dienstmeisje bekeek de meisjes argwanend. 'Meneer heeft geen tijd voor straatkinderen,' zei ze en ze maakte aanstalten om de deur te sluiten.
'Maar het is belangrijk!' riep Fidan. 'We...' Verder kwam ze niet.

'Wij zijn...' begon Isla, maar ook zij bleef steken. Ze keek Fidan hulpeloos aan.
'Niet opgeven. Denk aan de munten!' fluisterde die.
Isla keek de hal in.
Dicht bij de voordeur stond een marmeren tafeltje met gietijzeren poten. Naast een gigantische vaas met verse bloemen lag een zilveren schaal met visitekaartjes. Isla rekte haar nek iets uit en kon zo de naam lezen die op het bovenste visitekaartje was gedrukt.
'Wij zijn de achternichten van freule Toet tot Blaes,' zei ze toen met gezag.
De ogen van het dienstmeisje werden groter. 'Uit België?'
'Uit België!' Isla knikte waardig. 'En we willen meneer spreken. Nu!'
Het dienstmeisje aarzelde zichtbaar.
Isla maakte zich groot. 'Laat ons hier niet wachten!'
Het wonder gebeurde: het dienstmeisje stapte naar achteren en opende de deur. 'Wilt u mij volgen?' vroeg ze terwijl ze voor Isla en Fidan uit liep.
Ze opende aan de rechterkant van de hal een deur naar een kamer.
'Als de freules hier willen wachten...'
Isla ging deftig op een stoel zitten en gebaarde naar Fidan om hetzelfde te doen.
Het dienstmeisje haastte zich de kamer uit.
'Wat was je zelfverzekerd!' fluisterde Fidan.
'Dat was per ongeluk!' fluisterde Isla terug.
'Hoe wist je van freule Dinges?'
'Ik heb wel eens gelezen dat mensen vroeger een visitekaartje achterlieten als ze op bezoek wilden komen en de bewoners van het huis er niet bleken te zijn. En blijkbaar was freule Toet tot Blaes hier laatst geweest.'
Ze zwegen allebei. Ook in deze kamer lag marmer op de vloer. De canapé was van rood fluweel, er hingen schilderijen in vergulde lijsten aan de muur. Een staande klok tikte streng de seconden weg. Het zag er allemaal heel chic uit.
'Is het niet een rare opdracht?' fluisterde Fidan. 'Het kostuum van

juf Ragna, een ontzettend groot en deftig huis, een dienstmeisje, iemand die de vader van juf Ragna speelt... Het lijkt me een beetje overdreven voor een Hebbes!-spel.'

Isla's ogen werden groot. 'Denk je dat het er niet bij hoort? Denk je... dat... we ontvoerd kunnen worden?'

'Ontvoerd? We zijn vrijwillig dit huis binnengelopen.'

'Maar stel dat ze ons niet meer laten gaan,' hield Isla vol.

'Jij leest te veel boeken,' zei Fidan, maar ze klonk niet helemaal gerust.

'Door die boeken konden we wel hier naar binnen!'

'Maar komen we er ook weer uit? Dat zou ik wel willen weten.'

Isla haalde haar telefoon uit haar broekzak en typte er wat op. 'Ik heb het adres verstuurd naar mijn ouders. Dan weten ze in elk geval waar we zijn.'

'Slim!'

In de hal klonken voetstappen en stemmen. Een donkere stem baste onverstaanbare maar duidelijk onvriendelijke woorden. De hoge stem van het dienstmeisje tjilpte verontschuldigend.

Isla keek Fidan met grote ogen aan. 'De vader van juffrouw Suze! Wat moeten we tegen hem zeggen?' zei ze geschrokken.

De deur vloog open. Een grote man met een dikke buik en een walrussnor bleef in de deuropening staan. Hij zette zijn handen in zijn zij en staarde naar de twee meisjes die op zijn canapé zaten. 'Wat heeft dit te betekenen? Wat doen jullie hier?'

'...freule Toet tot...' zei Isla haperend en nauwelijks verstaanbaar.

'Nonsens!' donderde de vader van juffrouw Suze. 'Freule Toet tot Blaes heeft helemaal geen achternichten.'

'Ze... We... België...' bracht Isla uit. Dit ging totaal niet zoals ze zich het spel had voorgesteld.

'D'ruit!' zei de vader van juffrouw Suze, met een dreigende vinger.

Eruit? Prima. Isla wilde er heel graag uit, maar dan moesten ze wel langs die bullebak.

Ze keek naar Fidan, die snel opstond en met verschrikte ogen twee wankelende passen in de richting van de deur zette.

Toen zakte ze voor de voeten van juffrouw Suzes vader in elkaar. Het dienstmeisje gilde.
'Fidan!' riep Isla uit.
'Ook dat nog!' baste de vader van juffrouw Suze.
Ondanks haar angst voor hem zat Isla meteen naast Fidan op de grond.
'Fidan, Fidan!' Ze schudde haar vriendin, maar Fidan bleef met gesloten ogen op de vloer liggen. Isla pakte Fidans hand, die slap voelde in die van haar.
'Bel 112!' riep Isla, maar toen ze opkeek, zag ze twee blanco gezichten en niemand leek te begrijpen wat ze bedoelde.
'Dit is geen leuk spel meer!' riep Isla kwaad uit. 'Ze heeft een dokter nodig, doe iets!'
Nu kwam de vader van juffrouw Suze wel in beweging.
'Haal de dokter!' snauwde hij geschrokken tegen het dienstmeisje.
'Papa! Wat is hier in vredesnaam aan de hand?' klonk een stem.
Een jonge vrouw met lang zwart haar in een prachtige roze avondjurk met een zwartfluwelen handtas snelde de ontvangstkamer binnen.
Isla keek op. 'Juf Ragna! Fidan is niet lekker geworden. Ze is flauwgevallen!'
'Waarom noemt dat kind jou "juf Ragna"?' informeerde juffrouw Suzes vader nors.
Juffrouw Suze knielde neer bij Fidan en voelde haar pols. 'Ik denk dat ze me verwart met iemand anders.'
'Helemaal niet! U had een opdracht voor ons!' zei Isla beschuldigend.
Juffrouw Suze haalde een flesje uit haar handtas tevoorschijn, draaide het open en hield het kort onder Fidans neus.
'Wooow! Argh,' bracht Fidan uit, terwijl ze met een schok overeind ging zitten. 'Wat is dat voor troep? Alsof je aan een fles chloor snuift. Man! Het doet pijn in mijn hoofd...'
'Vlugzout,' verklaarde juffrouw Suze. 'Helpt altijd bij flauwtes.'
'Suze?' Haar vader klonk alsof er een onweersbui in hem was losgebarsten.

'O, nu zie ik het!' riep juffrouw Suze uit. 'Ik heb vanochtend in de stad een paar cadeautjes gekocht en deze meisjes hebben me geholpen ze te dragen. Ik had ze een stuiver beloofd.'
'Ze stelden zich anders voor als de achternichten van freule Toet tot Blaes,' zei juffrouw Suzes vader.
Juffrouw Suze lachte even. 'Dat moeten ze verkeerd begrepen hebben. Ik kocht juist een cadeautje voor freule Toet.'
'En wie is die juf Ragna dan?'
'Geen idee,' verklaarde juffrouw Suze, 'maar het is een mooie naam.'
Ze stak haar hand uit naar Fidan en hielp haar overeind. 'Gaat het weer een beetje? Ik denk dat de kok in de keuken wel iets te drinken en te eten voor jullie heeft.' En ze loodste Fidan en Isla snel de kamer uit.

In de keuken zette juffrouw Suze Fidan op een stoel. Ze sloeg een arm om haar heen en betrok Isla in de omhelzing. 'Dank jullie wel! Ik had net genoeg tijd om me om te kleden.' Ze draaide zich om naar de kok. 'Warme chocolademelk en een koekje voor deze meisjes, graag.'
'Hoeft niet, hoor,' zei Fidan. 'Alleen het muntje alstublieft, voor het spel.'
'Jullie waren fantastisch! Ik had net de laatste speld in mijn haar gestoken toen ik vader hoorde bulderen en wist dat het nu mijn beurt was om jullie te redden. Je bent weer helemaal genezen?' vroeg juffrouw Suze aan Fidan.
'Nergens last van,' verklaarde Fidan stralend.
'Maar...' begon ze. 'Was het dan...'
'Het was het enige wat ik kon verzinnen om tijd te rekken.'
'Het was geweldig. Ik betwijfel of in de voorstelling die ik vanavond ga zien even goed geacteerd wordt,' zei juffrouw Suze gniffelend.
Ze viste een klein portemonneetje uit haar tas en haalde daar twee muntjes uit. 'Hier heb je ieder een stuiver.'
Isla pakte verbouwereerd haar stuiver aan en stopte die net als Fidan in haar broekzak.

Juffrouw Suze sloeg een omslagdoek om, opende de keukendeur en liep met de twee meisjes mee door de donkere tuin. Daar opende ze het tuinhek en sloeg haar armen opnieuw om hen heen. 'Nogmaals bedankt. Jullie hebben me reuze geholpen.'
Isla en Fidan stapten de straat op. Voor het huis stond de koets opgesteld, klaar om de bewoners naar het theater te brengen.
'Graag ge...' begon Fidan, maar juffrouw Suze was alweer verdwenen.
Fidan haakte haar arm door die van Isla. 'Kom,' zei ze, 'dan gaan we op zoek naar de volgende opdr...'
'Hebbes!' klonk een stem achter hen.
Met een ruk draaiden Isla en Fidan zich om. Ze knepen hun ogen dicht tegen het scherpe licht van een zaklantaarn.
De lichtbundel werd uitgeknipt. Juf Ragna keek hen grijnzend aan.
Isla voelde haar mond openzakken. 'Juf Ragna. Maar... u was net...'
Ze staarde de juf aan. Verdwenen waren het ouderwetse opgestoken kapsel, de roze avondjurk en het fluwelen handtasje. Juf Ragna had haar haar in een paardenstaart en ze droeg een spijkerbroek en een rugzak.
'Jullie muntjes alsjeblieft,' zei ze.
Fidan voelde met grote ogen in alle zakken van haar spijkerbroek.
'Ik heb hem niet meer,' fluisterde ze tegen Isla. 'De stuiver is weg!'
Als een razende doorzocht Isla haar eigen broekzakken. 'De mijne ook!'
Isla haalde haar telefoon uit haar broekzak. Het bericht aan haar ouders was niet verstuurd. Sterker nog, er was helemaal geen bericht aan haar ouders. Ook niet in de concepten.
Het was alsof alles wat in het huis was gebeurd nooit had plaatsgevonden.
'Geen muntjes?' vroeg juf Ragna. 'Geen probleem, hoor. Er is nog tijd genoeg om andere opdrachten uit te voeren. Kom, ik loop een stukje met jullie mee.'
Sprakeloos volgden de meisjes hun juf.
'Wisten jullie dat mijn overgrootmoeder in deze straat heeft ge-

woond?' babbelde ze. 'Dat hek waar jullie net bij stonden? Vroeger was dat een tuin. Het koetshuis en de stallen in de tuin zijn inmiddels verbouwd tot een apart woonhuis, maar in de tijd van mijn overgrootmoeder hoorde dat allemaal bij haar huis. Mijn overgrootmoeder wordt nogal als een rebel gezien,' ging juf Ragna door. 'Ze studeerde in het geheim aan de universiteit, zonder dat haar ouders dat wisten.'
Fidan maakte een verrast geluidje.
'Ze werd marien bioloog en deed haar leven lang onderzoek naar walvissen. Omdat ze een van de eerste vrouwen was die daarnaast ook lesgaven op een universiteit, is het Leyland Lyceum naar haar vernoemd. Ik ben er zelf vroeger ook naar school gegaan. Ik had altijd het idee dat de geest van mijn overgrootmoeder er nog een beetje rondwaarde.'
'Wacht even, wacht even,' zei Isla. Ze had het gevoel dat haar hersens in haar hoofd overhoop waren gegooid en dat ze alles weer netjes naast elkaar moest leggen. 'Het Súze Leyland Lyceum?'
Nu keek juf Ragna verbaasd. 'Ja! Grappig dat je dat weet. Iedereen heeft het altijd alleen over "het Leyland Lyceum".'
'Grappig, ja,' zei Fidan zwak.
Ze kwamen aan het einde van de straat. De straatlantaarns vielen even uit en hulden de straat drie tellen in het pikdonker voordat ze weer aanfloepten.
Isla gilde niet. Op de een of andere manier paste dit bij de vreemde avond.
De lantaarnpaal knipte kort aan. Achter hen in de straat klonk het geluid van paardenhoeven en een koets die over de straatstenen ratelde.
Met een ruk draaiden Isla en Fidan zich om.
Er was niets te zien.
'Er zijn hier wel vaker korte stroomstoringen, niks om je zorgen over te maken,' zei juf Ragna geruststellend.
Nog een keer knipperden de lantaarnpalen, voor ze een fel wit licht begonnen te verspreiden.

'Zijn jullie dit weekend naar de open dagen geweest?' vroeg juf Ragna. 'Weten jullie al naar welke middelbare school jullie willen?'
Een golf kippenvel trok over Isla's arm.
'Het Suze Leyland Lyceum,' zei ze, tegelijk met Fidan.
Ze grijnsden naar elkaar.
'Echt? Wat leuk. Ik denk dat jullie daar goed zullen passen,' zei juf Ragna. 'Ik ga hier rechtsaf, kijken of ik nog wat onschuldige kinderen hun muntjes afhandig kan maken. Succes, meiden!'
'Tot straks,' zeiden Isla en Fidan.
Ze wachtten tot juf Ragna een eind verderop was.
'Dat was bizar,' zei Fidan.
'Heel bizar. Maar één ding weten we zeker: jij kunt acteren,' zei Isla.
'En jij bent echt geen bangerd. Zoals je tegen die man en het dienstmeisje sprak!' Fidan pauzeerde even. 'Ik denk niet dat we dit aan iemand moeten vertellen...'
'Nee,' zei Isla beslist. 'Dit is tussen jou en mij – en Suze Leyland.' Ze haakte haar arm door die van Fidan. 'Kom, dan gaan we kijken of we nog wat muntjes kunnen scoren.'
Ze sloegen links af. Achter hen in de straat knipoogde een enkele lantaarnpaal met een zachtgeel instemmend licht.

Thomas Olsthoorn

EEN BIJZONDERE BONTE AVOND

Zo snel als ze kon, rende Hannah over de camping, met in haar handen haar slippers. Die had ze bij het bereiken van de grasweide meteen uitgedaan zodat ze harder kon sprinten. Van harte ging dat niet, door de blaren onder haar beide grote tenen. Een souvenir dat ze had overgehouden aan de dropping van gisteravond. Hannah had haast. Ze was te laat voor het avondprogramma. Na het eten en de corveedienst was ze naar haar tent gegaan om nog snel even een filmpje voor TikTok op te nemen. Het wilde alleen maar niet lukken zoals ze het in haar hoofd had. Telkens moest de opname opnieuw en daardoor was ze de tijd vergeten. Tijdens de zoveelste opname werd ze gebeld door haar beste vriend Brian. 'Waar ben je nou?! We moesten toch om zeven uur bij het sportveld verzamelen. Kom snel hierheen!' Hannah schrok zich rot. Ze was vliegensvlug haar tent in gedoken om haar telefoon weg te stoppen en had het daarna op een rennen gezet. Bij iedere stap voelde ze haar blaren branden. Het was zo erg dat ze tussendoor een paar keer moest stoppen.

Vijf minuten nadat Brian haar had gebeld, kwam ze bij het sportveld aan. Er was alleen niemand te bekennen. Geen Brian. Geen meester Marco. En ook geen andere klasgenoten. Dit was niet zoals ze zich de laatste avond van het groep 8-kamp had voorgesteld. Ze had juist gehoopt op een bonte avond met een discofeest. Niet op een of ander spoorzoekspel.

Net op het moment dat Hannah het zoeken had opgegeven en terug wilde lopen naar het tentenkamp, hoorde ze een stem haar naam roepen. Ze draaide zich om en zag de moeder van Vincent, een van de hulpouders die mee waren op kamp, uit het bos achter het sportveld tevoorschijn komen.

'Hier, doe snel deze blinddoek voor je ogen en hou mijn hand vast,' zei ze. 'We moeten opschieten. En nog iets: praten is vanaf nu verboden!'

Na een korte wandeling door het bos moest Hannah met de hulp van Vincents moeder een paar trappetjes beklimmen en daarna kreeg ze te horen dat ze op haar plaats moest blijven staan. Er mocht nog steeds niet worden gepraat. Minuten verstreken maar er gebeurde niets. Hannah had geen idee waar ze precies was. Naast af en toe wat gegniffel om haar heen hoorde ze enkel een knisperend geluid. Ook rook ze brandend hout.

Plotseling werd de stilte verbroken door meester Marco. 'Jullie mogen nu de blinddoeken afdoen, jongens!' klonk het luid.

Hannah trok de doek naar beneden en kneep haar ogen samen. Op een meter of vijf afstand stond een grote vuurschaal op de grond. Om haar heen stonden haar klasgenoten. Toen Hannah achteromkeek, zag ze Brian een rij boven haar staan. 'Wat gaaf!' zei hij enthousiast.

De leerlingen waren in verschillende rijen op de stenen muurtjes van een kampvuurkuil opgesteld. De kuil bevond zich midden in een kleine open vlakte die volledig omringd was door bomen. Meester Marco kwam vanachter het laaiende vuur tevoorschijn en ging voor de schaal staan; in zijn handen hield hij een groen kistje.

Hannah herkende het meteen.
'Zie je dat?' zei ze over haar schouder tegen Brian.
'Ja, maar wat is het?'
'Dat is het kistje waar we ons verhaal in moesten doen.'
Meester Marco had de klas een paar weken geleden een huiswerkopdracht voor het weekend gegeven: iedereen moest thuis een verhaal schrijven over een gebeurtenis tijdens hun schooltijd waar niemand iets van wist. Op maandagochtend moesten ze het meteen bij de meester inleveren.
'O ja, nu weet ik het weer!' zei Brian. 'Pff, ik herinner me echt niet meer wat ik heb geschreven. Jij wel?'
Hannah gaf geen antwoord. Ze wist precies wat ze op papier had gezet. Maar ook wat ze niet had durven opschrijven...

Meester Marco zette het kistje op een boomstamtafeltje en vertelde de leerlingen dat ze mochten gaan zitten. 'Jullie zijn vast razend benieuwd waar jullie zijn, hè? Ha, we zijn nog steeds op de camping!'
Brian begreep er niets van. 'Maar mees, we zijn hier al vier dagen. Hoe kan het dat we deze plek niet eerder hebben gezien?'
'Deze kampvuurkuil ligt verscholen in een stukje bos helemaal achter in het complex. Zelfs vanaf het sportveld is het niet te zien. De eigenaar had me erover verteld toen we een paar maanden geleden deze camping gingen boeken. Het enige wat de hulpouders en ik hoefden te doen, was jullie ongezien naar deze plek loodsen. Vandaar dat we even die blinddoeken moesten gebruiken.'
Brian kon het geheimzinnige plannetje wel waarderen. 'Vette actie! En wat gaat er nu gebeuren?'
Meester Marco legde zijn hand op het kistje. 'Jullie herkennen dit kistje nog wel, toch? Hier zitten de verhalen in die jullie hebben geschreven over jullie schooltijd. Het mocht over een gebeurtenis van afgelopen jaar gaan, maar ook over langer geleden. Jullie mogen straks een voor een naar voren komen om je verhaal aan je klasgenoten voor te dragen. En jullie weten wat ik had beloofd, hè?

Alles wat er wordt gezegd, blijft tussen ons. Andere meesters en juffen zullen het nooit te weten komen. Ook jullie ouders niet. Zelfs niet als het over kattenkwaad gaat dat jullie hebben uitgehaald. Brian, wil jij beginnen?'

Hannah keek vol verwachting naar Brian toen hij het papiertje waar zijn naam op stond uit het kistje haalde. Hij wist alles van haar. En zij van hem. Tenminste, dat dacht ze. Nu stond hij op het punt iets te gaan vertellen waar ook zij niets van wist.
Brian vouwde het blaadje open en brulde ineens van het lachen. Dat deed hij zoals altijd heel aanstekelijk en daardoor begonnen Hannah en de andere leerlingen ook te proesten.
Hij herpakte zich en startte zijn verhaal. 'Oké, luister. Kunnen jullie je nog die keer in groep 5 herinneren dat juf Mieke na de gymles haar knalrode laarzen kwijt was, die ze altijd droeg? Toen wij aan het apenkooien waren, had ze op een bankje onze rekentoets zitten nakijken. Juf Mieke had haar laarzen uitgedaan en ze naast het bankje neergezet. Aan het einde van de les kwam ze erachter dat ze kwijt waren. We hebben toen met z'n allen wel een kwartier naar die laarzen gezocht, maar niemand kon ze vinden. Weet je hoe dat kwam? Ik had ze, toen de juf even niet oplette, stiekem weggegrist. Daarna tilde ik de bovenkant van de dichtstbijzijnde kast op en gooide snel de laarzen erin. Iedereen zocht zich te pletter, maar niemand dacht eraan in die kast te kijken. Haha, wat een lol had ik!'
Iedereen moest lachen om Brian, die zijn verhaal in geuren en kleuren vertelde. 'Dat weet ik nog wel,' zei Jim. 'Juf Mieke moest de rest van de dag op haar sokken lesgeven en door de school lopen. Het bleken ook nog eens van die foute Disney-sokken te zijn, haha!'
'En weet je wat nog het mooiste was?' vulde Brian aan. 'Ze is die middag na school ook op haar sokken door de regen naar huis gefietst!'
Weer brak er een enorm gelach uit. Meester Marco onderbrak het gebulder en zei: 'Zo kan-ie wel weer, Brian, maar bedankt voor het

delen. Je weet precies hoe je een verhaal moet vertellen. Daar moet je later echt iets mee gaan doen, jongen!'

Na Brian was het de beurt aan Sofia. De vrolijke stemming sloeg al snel om. Sofia was als enige leerling pas later in de klas gekomen. Na het overlijden van haar moeder was ze met haar vader verhuisd en in groep 6 ingestroomd. Iedereen wist wat Sofia had meegemaakt, maar ze had nooit veel over haar moeder gesproken. Alleen af en toe met haar beste vriendinnetjes. Met een brok in haar keel en tranen in haar ogen vertelde ze hoeveel steun ze aan haar klasgenoten had gehad. De afgelopen twee jaar waren heel verdrietig voor haar geweest, maar op school had ze zich altijd welkom en op haar gemak gevoeld en daar was ze erg dankbaar voor. Na haar laatste zin kreeg Sofia een groot applaus van iedereen.

Daarna was het woord aan Jim, die iets moest bekennen. Vorig jaar in groep 7 had hij met een deel van de klas het populaire schoolvoetbaltoernooi gewonnen en als hoofdprijs een grote bokaal gekregen. Jim nam de trofee mee naar huis en zou hem de volgende dag naar school brengen en aan de rest laten zien. Maar Jim had helemaal geen beker bij zich. Met een sip gezicht vertelde hij dat de bokaal was gestolen. Op de terugweg was hij nog snel even bij de supermarkt gestopt en had de beker in het kratje op zijn fiets laten staan. Toen hij een paar minuten later terugkwam, was hij weg. Dat verhaal was verzonnen, moest Jim bekennen. Hij was helemaal niet naar de supermarkt gegaan. De bokaal was ook niet gestolen, maar kapotgegaan. Jim had tijdens het fietsen niet opgelet en was met zijn voorwiel in een tramspoor gekomen. Daardoor schoot hij onderuit. De bokaal vloog uit de krat, kletterde over straat en belandde onder de wielen van een bus die net kwam aanrijden. Er was niets meer van over. Jim was bang voor de reacties op school en had niet de waarheid durven zeggen. Het speet hem enorm. Hij bood zijn excuses aan en beloofde over twee weken extra hard zijn best te doen om het schoolvoetbaltoernooi nog een keer te winnen en zijn klas een nieuwe beker te bezorgen.

Het begon inmiddels donker te worden buiten. Meester Marco had tussendoor wat hout in de schaal gegooid zodat het vuurtje bleef branden. Na Jim had Vincent eindelijk uitgelegd hoe het nu kwam dat hij jaar in, jaar uit een gekke bek trok op de klassenfoto: het was een afspraak met zijn vader, die wel van een geintje hield. Als hij ieder jaar iets geks deed, zou zijn vader hem aan het einde van groep 8 een nieuwe fiets geven voor de middelbare school. Dat had Vincent gedaan en binnenkort ging hij samen met zijn vader een nieuwe tweewieler uitzoeken.

Zoë nam haar klasgenoten mee terug naar haar spreekbeurt in groep 6. Die ging over de politie. Als verrassing had ze na afloop van haar spreekbeurt geregeld dat haar oom, die agent was, in een politiewagen het schoolplein op kwam rijden. Maar toen de leerlingen in hun jas naar buiten kwamen, gingen de blauwe zwaailichten en de sirene aan en reed hij zomaar plankgas weg. Er werd daarna nog vaak aan Zoë gevraagd wat er nu precies aan de hand was geweest, maar daar mocht ze niets over zeggen. Het was politiegeheim. Nu mocht het wel. Haar oom was plotsklaps weggereden toen hij over de radio hoorde dat er in de binnenstad een crimineel was gesignaleerd waar al lange tijd naar werd gezocht. Hij was als eerste ter plaatse en had de dief na een spannende achtervolging overmeesterd en in de boeien geslagen. Inmiddels was de crimineel veroordeeld tot een gevangenisstraf van twintig jaar en daardoor mocht Zoë eindelijk uitleggen wat er was gebeurd.

Hannah had aandachtig naar iedereen geluisterd. Ze had gelachen en soms een traantje gelaten. Maar al die tijd had ze ook een knoop in haar maag gevoeld. Toen ze als laatste aan de beurt was, liep ze naar de boomstamtafel en pakte haar blaadje. Ze keek naar de woorden op het papier.

Net toen ze wilde beginnen aan haar verhaal bedacht Hannah zich. Ze frommelde het papier tot een propje en gooide het terug in het kistje. ‘Sorry, meester Marco, ik heb deze opdracht niet gemaakt zoals u had gevraagd. Dit is geen waargebeurd verhaal. Ik heb het

veel mooier gemaakt dan het is. Ik had geschreven dat ik op mijn afgelopen twaalfde verjaardag niet op school was omdat ik die vrijdag als cadeau van mijn ouders een weekend weg naar Amsterdam had gekregen. Maar ik was helemaal niet in Amsterdam, ik was gewoon thuis. Ik durfde niet naar school te komen, omdat ik geen traktatie had. Daar hadden we geen geld voor. Na de vorige zomervakantie is het bedrijf van mijn ouders failliet gegaan. Sindsdien hebben we serieuze geldzorgen. Uit schaamte heb ik er het hele jaar niets over durven te zeggen. Mijn ouders ook niet. Alleen Brian weet ervan. Na het missen van mijn verjaardag heb ik het hem verteld. Zijn ouders waren zo lief om het geld voor dit kamp voor te schieten zodat ik toch mee kon.'
Met de mouw van haar trui veegde ze de tranen van haar wangen. 'Blijkbaar ben ik best goed in doen alsof er niets aan de hand is. Gezellig meedoen in de klas, vrolijke filmpjes op TikTok plaatsen, dat was allemaal nep. Zo blij ben ik niet geweest. Soms voelde ik me juist heel rot. Maar eigenlijk is het helemaal niet erg om dat toe te geven. Of om te vertellen dat we thuis in een moeilijke situatie zitten en maar vijftig euro per week voor de boodschappen hebben. Daar ben ik vanavond wel achter gekomen. Soms is het leven gewoon even shit. Gelukkig gaat het nu weer wat beter thuis, mijn vader begint volgende week aan een nieuwe baan en mijn moeder is veel aan het solliciteren. We gaan er samen weer bovenop komen, daar ben ik zeker van.'

Meester Marco kwam naast Hannah staan en sloeg een arm om haar heen. Hij vertelde hoe trots hij op haar en al zijn andere leerlingen was om hun moed en eerlijkheid. Daarna pakte hij het kistje op, draaide zich om en kieperde de inhoud in het vuur. Voor ieders ogen gingen de papieren op in de vlammen.
'Zoals ik al zei: alles wat jullie vanavond hebben verteld, blijft onder ons. Zie dit moment als het symbolische einde van jullie basisschooltijd. Na de vakantie gaan jullie aan een nieuw avontuur beginnen. Sommigen van jullie zullen nog jaren vrienden blijven. Anderen zul-

len elkaar uit het oog verliezen of zelfs nooit meer zien. Maar het belangrijkste wat jullie moeten onthouden, is dat jullie zes jaar lang, van groep 3 tot groep 8, een bijzondere periode in jullie leven met elkaar hebben doorgebracht. Besef dat goed. Van een stel kleuters zijn jullie slimme en getalenteerde pubers geworden. Als jullie over twintig jaar een drukke baan en misschien wel een gezin met kinderen hebben, zullen jullie met veel plezier aan de basisschooltijd terugdenken. Zeker weten.'

Meester Marco vroeg alle leerlingen naar beneden te komen voor een grote groepsknuffel. Daarna liepen ze door het bos, langs het sportveld en over de grasweide terug naar het tentenkamp, en werd het alsnog de bonte avond waar Hannah een paar uur eerder op had gehoopt. Een discofeest met muziek, dansen, zingen, springen en gekkigheid. Samen met Brian en haar andere vrienden. Het was het perfecte einde van een mooie avond. Een die ze niet snel zou vergeten.

Janneke Schotveld

MEESTER MOESSA

Moessa zit op zijn balkon. Op zijn hurken, met zijn rug tegen de balkondeur. Hij huurt een klein flatje in een gebouw op een pleintje in het centrum. Het is loeiduur, maar hij is er gelukkig mee. Hij heeft een bed en een bureau, een keukentje en een badkamer zo klein dat hij kan plassen en douchen tegelijk, heel handig.
En hij heeft een balkonnetje, daar verstopt hij zich nu. Zijn balkonnetje heeft uitzicht over een kleine gedeelde binnentuin, waarop wel twintig andere balkonnetjes en een enkel dakterras uitkijken. Hier kunnen ze gelukkig niet komen! Ze gaan nu vanzelf wel weg, toch?
Moessa zucht diep.
Hij had het fijn gevonden op school, maar hij heeft iets te hard zijn best gedaan, want nu ligt het binnen op zijn bureau, de oorzaak van zijn ellende: het pabodiploma.
Hij is nu officieel meester Moessa, met een gymaantekening ook nog.

Zijn telefoon gaat.
'Nee hè,' mompelt meester Moessa. En zijn hart maakt een sprongetje, want het is zijn onderbuurvrouw, Charlotte. Ze heeft de mooiste blauwe ogen, een prachtige stem en ze weet altijd precies wat ze wil. Charlotte is filosoof, en zit de hele dag diep na te denken. Daar heeft ze heel veel stilte voor nodig. Dus ze belt hem best vaak als ze vindt dat hij te hard stampt of dat zijn muziek te luid staat. En hoewel ze altijd iets te zeuren heeft, maakt zijn hart toch altijd ook dat sprongetje, het gaat vanzelf.
'Hoi Charlotte,' zegt meester Moessa.
'Moessa, wat doen al die mensen voor onze deur? Ik kan zo niet nadenken!'
'Sorry Charlotte. Ik weet zeker dat ze zo weggaan.'
'Zo zien ze er anders niet uit.'
'Niet?'
Hij spitst zijn oren, zo klinken ze inderdaad ook niet. De kranten staan er bol van. Er is een vreselijk juffen-en-meestertekort, vooral in de grote steden. Directeuren maken wanhopig jacht op jonge meesters en juffen die net hun diploma hebben gehaald.
'Ik hou mijn telefoon uit het raam, dan kun je het zelf horen,' zegt Charlotte.
Met gebogen hoofd luistert meester Moessa naar de geluiden aan de straatkant.
Want daar staan ze op de stoep: een groepje wanhopige schooldirecteuren. En allemaal willen ze hem!
'Kom bij mij werken, meester Moessa, elke dag pauze en zes weken zomer!' roept meneer Willems, directeur van De Bron.
Hij wordt overtroefd door de schelle stem van mevrouw Abbema, directeur van De Toonladder: 'Meester Moessa, kom toch bij mij werken! Alle kinderen hebben een eigen iPad, je hoeft bijna niets te doen!'
De directeur van De Inktvis, meester Snor, neemt het over: 'Meester Moessa, kom toch naar De Inktvis! Heel lieve kinderen en superjuffen, echt!'

‘Maar wij hebben de braafste kinderen van de stad en bovendien ouders die nooit zeuren!’ schreeuwt de directeur van Het Wolkenschip boven iedereen uit.
En zo gaat het maar door.
Plotseling hoort meester Moessa het dichtklappen van een raam en daar is de stem van Charlotte weer in zijn oor. ‘Ga erheen, wijs er een aan en stuur de rest weg!’
‘Ik kan niet kiezen, Charlotte.’
Ze lacht een spottende lach. ‘Kiezen!? Alle scholen zijn hetzelfde. Hokken vol kinderen, die dingen moeten leren waar ze geen zin in hebben. Maar zelf leren nadenken, ho maar!’
‘Nou...’
‘Zorg dat ze ophoepelen, Moessa. Anders ga ik een klacht indienen bij de huisbaas.’
Moessa zucht. Voor hem tien anderen, weet hij, zo veel huizen zijn er niet. En het is niet zo dat hij niet kan kiezen. Hij durft gewoon niet. Maar hij moet, hij heeft een baan nodig. Hij zucht, haalt zijn vingers door zijn krullen en staat op.
Op dat moment landt er een mooie spierwitte duif op de reling van zijn balkon.
‘Wacht!’ zegt de duif. ‘Ik weet de perfecte school voor jou.’
Meester Moessa staart het diertje verbaasd aan. Een duif die een school aanraadt, het moet niet gekker worden.
‘Je zult het er naar je zin hebben,’ zegt de duif. Ze haalt een kaartje tussen haar veren vandaan. ‘Morgenochtend halfnegen stipt! Niet te laat komen, juf Winter haat het als mensen te laat komen.’
‘Maar...’ Meester Moessa maakt zijn zin niet af. Het dier is al weggevlogen.
Hij kijkt naar het kaartje. OBS DE VERWONDERING, staat erop.
Hij legt het kaartje op zijn bed en loopt door naar de galerij. Daar neemt hij de trap naar beneden. Want hij zal toch tegen de directeuren buiten moeten zeggen dat ze moeten ophoepelen. Maar als hij beneden is, staat er niemand meer op straat. Er is geen directeur meer te zien. Verbaasd sjokt hij weer naar boven.

Charlotte kijkt om het hoekje van de deur. 'Zie je,' zegt ze. 'Je kunt het wel.'

De volgende ochtend is het een herrie van jewelste in groep 8 van obs De Verwondering. Juf Irma heeft gistermiddag door een ongelukje op de trampoline van haar kind haar been gebroken. Ze kan de laatste weken tot de zomer niet meer naar school. En dat er een groot meester-en-juffentekort is, dat weten deze kinderen natuurlijk ook.
'Ze kunnen nooit iemand vinden!' roept Mo.
'We krijgen vervroegd zomervakantie!' juicht Wesli.
'We kunnen net zo goed nu al naar huis gaan!' roept Sofie.
'Er gaat hier helemaal niemand naar huis.'
Ineens is het stil. Juf Winter staat in de deuropening. 'Ik zei toch dat ik het zou regelen? Wat is dit voor idioot geschreeuw? Allemaal naar je plaats.'
Iedereen vliegt naar zijn plaats. Er is iets aan juf Winter wat maakt dat iedereen altijd naar haar luistert.
Er schuifelt iemand achter juf Winter aan naar binnen. Hij heeft zwarte krullen en draagt een T-shirt waar I'M THE BOSS op staat.
'Wow, het is net Aladdin,' fluistert Sofie tegen Saar. 'Hij...'
Eén blik van juf Winter en zelfs Sofie waagt het niet om nog iets te zeggen.
'Dit is meester Moessa. Hij kon uit wel twintig scholen kiezen, maar hij heeft onze school gekozen.'
Meester Moessa kijkt naar de kinderen. Hij zweet een beetje. Hij hoopte dat hij een kleuterklas zou krijgen, of groep 4 of zo. Dit lijken wel pubers!
'Ik eh... Goedemorgen, ik ben Moessa.' Hij knippert hevig met zijn ogen, zoals altijd wanneer hij zenuwachtig is.
Juf Winter kijkt naar de klas. Ze licht eventjes haar wenkbrauwen op.
'Goedemorgen, meester Moessa,' dreunt de klas in koor.
'Zo mag ik het horen. Dit is het klassenboek met het lesrooster en

dit de plattegrond, zodat je weet hoe ze heten. Het zijn schatjes, maar je moet ze wel kort houden.'
Ze glimlacht nog even bemoedigend naar hem en loopt de klas uit.
Achtentwintig paar ogen kijken hem aan. Meester Moessa bladert in het klassenboek, tot hij bij vandaag is. Als hij ziet wat er op het rooster staat schrikt hij. Biologie, kriebels in je buik. Hij wordt rood. Ja, doei. Dat gaat hij nu echt niet doen!
'We hebben biologie, toch, mees?' vraagt Sofie liefjes.
Kringgesprek over verliefdheid, leest meester Moessa. Hij zucht.
'Ehm, zitten jullie wel eens in de kring?' vraagt hij.
Meteen vliegen de kinderen overeind en beginnen met tafels te schuiven en door elkaar heen te roepen en rennen.
'Ho! Rustig!' roept meester Moessa boven het tumult uit. Hij kijkt angstig naar de deur. Binnen vijf minuten weer ontslagen worden zou hem wel opluchten, maar hij zou zich ook schamen. Charlotte ziet hem aankomen!
Zijn blik wordt naar het raam getrokken. Daar zit die duif van gister! En het lijkt net of ze lacht. Hij loopt naar het raam om het beest weg te jagen. Hij laat zich verdorie niet uitlachen door een duif.
De weg naar het raam wordt versperd door twee kinderen die op dezelfde plek willen zitten. Meester Moessa pakt de stoel van Mo af en zet hem met een klap neer. 'Jij zit hier.' Dan pakt hij de stoel van Sofie en zet hem ernaast. 'En jij zit daar en nu ophouden met dat kinderachtige gedoe. Ik heb een kleuterklas gehad die volwassener was dan jullie, verdorie!'
Als hij weer opkijkt, is de duif weg. Maar het is ook stil. Nou ja, bijna stil. Zo, dat heeft hij mooi voor elkaar.
Meester Moessa pakt zijn stoel en schuift erbij in de kring.
'Hoezo hebben we biologie in de kring?' vraagt Wesli.
'Dat zei juf Irma toch vorige week. Seksuele voorlichting!' roept Sofie. Ze gaat er eens goed voor zitten.
Allemaal kijken ze nu naar meester Moessa.

'Weet je er wel wat vanaf, mees?' vraagt Mo bezorgd.
Meester Moessa veegt zijn handen af aan zijn broek. 'Wie eh... wie is er wel eens verliefd geweest?'
Er wordt gegiecheld en gegrinnikt.
'Brahim is op Lola,' zegt Sofie dan ineens. Ze wijst naar Brahim en daarna naar Lola.
Lola kijkt geschokt en Brahim wordt woedend. Hij springt op en duwt Sofie van haar stoel.
'Hé!' roept meester Moessa. 'Hou daarmee op!'
Maar Wesli is al opgestaan om Brahim tegen te houden en Lola huilt en Mo zegt tegen Sofie dat ze een stomme trut is.
'Allemaal terug naar je plaats!' schreeuwt meester Moessa. Hij gaat dit dus echt niet doen. Er staat vast ook wel taal of rekenen op het rooster. Ineens lopen ze weer allemaal door elkaar met hun stoel, er wordt gebotst en gescholden.
Automatisch kijkt hij naar het raam. En ja hoor. Daar zit dat beest weer. Wat een ellendeling! Door die stomme duif zit hij nu hier. In een groep vol halve pubers die schreeuwend door elkaar lopen met hun stoel voor zich uit en boven hun hoofd. Straks raakt er nog iemand gewond!
Ja, hij had goede cijfers gehaald voor zijn stages. Maar volgens hem kwam dat alleen maar doordat de eigen meester of juf er ook bijna altijd bij was. Want kijk wat er gebeurt als hij zelf voor de klas staat! Chaos. Nou, ze zoeken het maar lekker uit. Hij gaat wel pizza bezorgen of zo.
Meester Moessa baant zich een weg langs de kinderen naar de deur. Weg hier. Ineens ziet hij een jongen staren. Het is Melle, die stapelverliefd is op Aisa, maar dat al een halfjaar niet durft te zeggen. Dat weet meester Moessa natuurlijk niet, maar hij herkent de blik uit duizenden.
Aisa staat met een clubje vriendinnen te babbelen in een hoek. Het lijkt een stel kwetterende vogeltjes. Ze zijn allang vergeten dat ze met hun stoel terug op weg waren naar hun plaats en ze trekken zich niks aan van het tumult.

Ze hebben zelfs niet door dat meester Moessa binnen gehoorsafstand staat.
'Ik vind het wel leuk, zo'n jonge meester,' zegt Anna.
'Hij is ook best wel knap,' zegt Saar.
'Echt wel. Heb je die ogen gezien!' roept Wesli. 'Het waait als hij knippert, ik zweer het je.'
Ondanks de ellende moet meester Moessa er een beetje om lachen. Toch loopt hij door naar de deur. Hij gaat naar huis. Jammer dan dat hij tegen Charlotte moet zeggen dat het mislukt is. Er is ook een groot tekort aan pizzabezorgers.
Hij kijkt nog één keer om.
Die takkevogel! Ze is een raam hoger gaan zitten en vangt zijn blik. Langzaam schudt ze van nee.
'Wat nou nee,' mompelt meester Moessa. Hij heeft zijn hand al op de deurklink, maar hij is iets minder resoluut dan daarnet.
'Meester! Waar ga je heen?' Het is Wesli.
Sommige kinderen zitten weer op hun plek, anderen zijn nog steeds met hun stoel onderweg.
'Naar huis,' zegt meester Moessa.
'Waarom?' vraagt Sofie.
'Eh...'
Hij denkt aan Charlotte. Aan haar mooie blauwe ogen en dat ze een keer tegen hem zei: 'Eerlijk duurt het langst. Als je eerlijk bent, Moessa, tegen jezelf en tegen anderen, dan kun je bergen verzetten.'
'Goed,' zegt hij. 'Ik zal eerlijk tegen jullie zijn.'
Een paar kinderen kijken hem nieuwsgierig aan. Er kletsen nog wat kinderen, maar als die doorkrijgen dat de rest stil is, worden zij ook stil.
'Ik ben verliefd op Charlotte.' Meester Moessa schrikt van zichzelf. Dit wilde hij helemaal niet zeggen! Hij wilde zeggen: *Ik heb hier geen zin in, ik ben niet geschikt als meester en al helemaal niet voor groep 8, veel plezier op de middelbare en tot nooit meer ziens.* Dát wilde hij zeggen.

'Jammer,' fluistert Wesli.
'Wie is Charlotte?' vraagt Anna.
'Mijn onderbuurvrouw.'
'En weet zij het?' wil Melle weten.
Meester Moessa schudt zijn hoofd.
'Waarom niet?' vraagt Brahim.
'Ik denk dat ze mij een lawaaierige sukkel vindt en dat ben ik trouwens ook en als je eenmaal begint met het niet te durven zeggen, dan wordt het steeds moeilijker om het wél te zeggen.' Hij kijkt even naar Melle, die gauw wegkijkt. 'Dus ja, eh. Nou, dat.'
De duif zit nog steeds in het raam. Ze houdt haar kop scheef en blikt van hem naar zijn bureau. Meester Moessa laat de deurklink los en loopt terug naar zijn bureau. Er is iets met die duif waardoor hij naar haar luistert. Heel vreemd.
De kinderen die nog met hun stoel ergens in de klas stonden, lopen zachtjes naar hun plaats. Meester Moessa gaat op zijn bureau zitten.
'Nou,' zegt hij. 'Ik denk dat het wel zo eerlijk is als jullie nu ook iets vertellen. Over jezelf, niet over een ander!' Daarbij kijkt hij Sofie aan.
Sofie staart naar haar tafeltje. Ze murmelt iets.
'Wat zeg je?' vraagt meester Moessa.
Ze kijkt op. 'Ik vind Brahim leuk, maar hij vindt Lola leuk.'
Het wordt heel stil in de klas.
'Nu zegt ze het wéér,' mompelt Brahim. Maar hij klinkt niet meer zo boos.
'Dat is rottig,' zegt meester Moessa. 'Ik had heel lang verkering met Sifra, maar toen ging zij er met mijn beste vriend Nevil vandoor. Dat was ook echt niet leuk.'
'Moest je huilen?' wil Aisa weten.
Meester Moessa knikt. 'Natuurlijk. Liefde doet soms pijn, hoor.' Hij kijkt de klas rond. 'Maar het kan ook heerlijk zijn om verliefd te zijn. Vooral als je het allebei bent, dat is echt feest.'
'Ik ben nog nooit verliefd geweest,' zegt Saar.

'Dat komt vanzelf op de middelbare school,' antwoordt meester Moessa.
'Dan ga je zoenen!' roept Sofie.
'Ieuw!' Mo valt dramatisch van zijn stoel. Maar omdat verder niemand aandacht aan hem schenkt, gaat hij maar weer zitten.
'Als je het allebei wil is het niet ieuw,' zegt meester Moessa. 'En als je niet wil zeg je nee.' Dat is ook heel belangrijk, dat je je eigen grenzen aangeeft.'
'Mag er een raampje open?' vraagt Wesli. 'Het is hier zo heet.'
Een paar kinderen giechelen, maar het is inderdaad warm in de klas, de zon staat inmiddels ook al vol op de ramen.
'Ja, doe alle bovenste ramen maar even open,' zegt meester Moessa. Hij glimlacht tevreden, dit gaat toch veel beter dan hij dacht. Misschien is hij tóch geschikt als meester.
Wesli staat op en loopt erheen; hij draait aan de stang die de bovenste ramen openzet. En dan vliegt er een duif naar binnen.
'Een duif!' gilt Sofie.
'Zielig, die moeten we vangen!' roept Mo.
'Duiven zijn vies!' gilt Wesli.
En dan rennen, duwen en roepen ze weer allemaal door elkaar. Meester Moessa klauwt wanhopig met zijn handen in zijn haar. Had hij gedacht dat hij het zootje onder controle had? Nou, niet dus!
'Rustig!' schreeuwt hij. 'Die duif wordt bang, jullie maken het alleen maar erger.'
Alhoewel, de duif bang? Daar lijkt het helemaal niet op. Het dier vliegt een beetje treiterig rond, lijkt het zelfs. Het beest maakt een looping en landt op het bureau van meester Moessa.
'Op je bureau, mees!' schreeuwt Sofie.
'Ja, ik ben niet bl...' begint meester Moessa. Maar zijn adem stokt. Op de plek waar net de duif zat, zit nu juf Winter. Ze zit met een rechte rug, haar benen bungelen net boven de grond. Een klein wit veertje dwarrelt uit haar keurige kapsel naar beneden.
De kinderen staan aan de grond genageld. Meester Moessa kan geen woord uitbrengen. Wel letters, dat gaat nog net.

'W... h...' hakkelt hij.
Juf Winter glimlacht. 'Allemaal HEEL RUSTIG in de kring gaan zitten,' zegt ze. 'Geen woord wil ik horen, want dat idiote gedoe van net is natuurlijk kleutergedrag en een groep 8 onwaardig.'
Binnen een minuut zitten alle kinderen in de kring. Ze staren naar juf Winter alsof ze een buitenaards wezen is. Of alsof ze een keurige en strenge juf is die in een duif kan veranderen, wat bijna nog vreemder is.
'Was u dat echt?' vraagt Wesli dan eindelijk.
'Ik was het,' zegt juf Winter.
'U bent een faunaat!' roept Melle ineens. 'Net als professor Anderling in *Harry Potter*.'
Juf Winter glimlacht. 'Daar lijkt het wel een beetje op, alleen is de officiële term "metamorfaun".'
'Kunt u mij dat ook leren?' vraagt Sofie.
'Nee,' lacht juf Winter. 'Het lijkt heel wat, maar het is eigenlijk precies hetzelfde als rood haar hebben, of heel lange benen, of sproeten. Het is aangeboren.'
'Net als homo zijn,' zegt Wesli.
'Ja, precies,' zegt juf Winter. 'Alleen is het iets zeldzamer, er zijn op dit moment maar een stuk of twintig metamorfaunen in Nederland.'
'U was het ook op mijn balkon!' zegt meester Moessa, die eindelijk zijn stem terug heeft.
Juf Winter glimlacht. 'Ja. Ik moest toch iets doen om die meute buiten te omzeilen.'
'Kunt u ook in andere dieren veranderen?' wil Melle weten.
Juf Winter schudt haar hoofd. 'Nee, als metamorfaun heb je het niet voor het kiezen. Maar het is heel handig om een duif te zijn als je directeur van een basisschool bent, want zo zie ik nog wel eens wat.' Ze knipoogt naar Wesli. 'Was je je brood vergeten gister?'
Wesli krijgt heel grote ogen. 'Het waren maar twee koekjes, echt.'
'Zes. En het geeft niet, maar de volgende keer gewoon even zeggen dat je je brood vergeten bent. We hebben altijd wat extra in de lerarenkamer, dan hoef je onze koekjestrommel niet te plunderen.'

'Ja, juf,' antwoordt Wesli.
'Weet de hele school het?' vraagt Saar.
'De leraren weten het en ik vertel het altijd alleen aan groep 8,' zegt juf Winter. 'Aan het einde van het jaar.'
'Waarom dan pas?' vraagt Brahim.
'Zodat ik iedereen al die jaren een beetje in de gaten kan houden natuurlijk!'
'Daarom wist u dat ik had afgekeken bij de topotoets,' zegt Anna ineens.
'Tja, ik zat toevallig in de vensterbank,' zegt juf Winter.
'Daarom wist u wie de pestkoppen waren in groep 4, terwijl ik het niet durfde te vertellen,' zegt Lola.
Juf Winter glimlacht naar het meisje en knikt. 'En daarom wil ik jullie ook vragen om het niet tegen de jongere kinderen te zeggen. Het helpt mij om een goede directeur te zijn.'
'Mogen we het wel thuis vertellen?' vraagt Saar. 'Dat u een metamau eh... dat u soms een duif bent?'
'Dat mag,' zegt juf Winter vriendelijk. 'Maar de kans is groot dat ze je niet geloven. Zo zijn de meeste volwassenen nou eenmaal.' Ze kijkt ernstig de klas rond. 'Jullie gaan bijna van school, jullie gaan op weg naar de volwassenheid. En dat is heel leuk, maar één ding moeten jullie me beloven...'
Ze laat een stilte vallen.
'Wat dan?' vraagt Brahim.
'Vergeet niet om je te verwonderen. Neem af en toe de tijd om stil te staan en bekijk de wereld alsof alles wat je ziet nieuw is.'
De kinderen knikken plechtig. Ook al snappen ze misschien niet allemaal precies wat ze zegt, juf Winter die hen toespreekt alsof ze al volwassen zijn, dat is bijzonder.
'Maar jullie hebben nu nieuwsbegrip en ik heb een oudergesprek, dus ik laat jullie alleen.'
Juf Winter loopt kordaat naar de deur. Daar blijft ze nog even staan.
'Moessa?'

'Ja?'
'Ik kies niet zomaar iemand, moet je weten, ik wil alleen de beste.'
'O?' Meester Moessa wordt er een beetje verlegen van.
'Geloof in jezelf, meester Moessa,' zegt ze. 'Dit is best een pittig klasje, en je deed het prima.'
Meester Moessa schudt zijn hoofd. 'Als u niet, eh... als u niet voor het raam had gezeten, was ik weggelopen.'
'Dat hadden we echt jammer gevonden,' zegt Aisa zacht.
'Zeker weten,' beaamt Wesli.
'Blijf je nu wel tot de zomer?' vraagt Sofie.
'Dat is een uitstekende vraag, Sofie.' Met de deurklink al in haar hand blijft juf Winter staan wachten op het antwoord.
Meester Moessa denkt na. Hij kijkt naar Sofie, die op het puntje van haar stoel zit. Naar Aisa, die verlegen terugkijkt, naar Melle, Brahim, Saar, Anna, Lola en alle andere kinderen van wie hij de namen nog niet kent, maar dat zal niet lang meer duren. Hij lacht. 'Ja, ik blijf graag tot de zomer.'
De klas juicht luidruchtig. Maar als juf Winter kort kucht, zijn ze direct weer stil. Meester Moessa kijkt bewonderend naar de directeur. Hopelijk is dat niet aangeboren en kan ze hem dat leren.
'Nou, dat is dan geregeld,' zegt juf Winter. 'Welkom op obs De Verwondering, meester Moessa.' Dan loopt ze de gang op en sluit de deur achter zich. Meester Moessa is weer alleen met groep 8. Maar het is niet dezelfde groep 8 die hij een paar uur geleden aantrof. Er is iets veranderd.
'Melle en Aisa, willen jullie de nieuwsbegripvragen uitdelen?' vraagt meester Moessa. 'En de rest gaat rustig terug naar zijn of haar plek.' En terwijl iedereen doet wat de bedoeling is, kijkt meester Moessa automatisch naar het raam. Als er een witte duif in de vensterbank had gezeten, dan had ze vast goedkeurend geknikt.

Die middag loopt meester Moessa de trap op naar zijn flatje. Als hij op de eerste verdieping is, gaat de deur van zijn onderbuurvrouw open. Charlotte kijkt hem verwachtingsvol aan. 'En?' vraagt ze.

Meester Moessa lacht. 'Het was heel leuk, ik heb de baan. Groep 8!'
'Wow,' zegt Charlotte. 'Groep 8, dat zijn al halve pubers.'
'Heel leuke halve pubers,' beaamt meester Moessa. 'Ik vind het nu al jammer dat ze bijna naar de middelbare gaan. Maar goed, je zult in elk geval tot de zomer overdag geen last meer van me hebben.'
'Jammer,' zegt Charlotte.
'Jammer?'
Ze slaat haar blauwe ogen naar hem op. 'Sorry dat ik zo lelijk tegen je deed de laatste tijd. Ik kon niet goed nadenken en daar gaf ik jou de schuld van. En het is ook wel jouw schuld, maar niet op de manier die ik dacht, daar ben ik vandaag achter gekomen.'
Meester Moessa fronst zijn wenkbrauwen en knippert met zijn ogen, want hij wordt een beetje zenuwachtig van haar blik. 'Maar op welke manier is het dan wel mijn schuld?'
'Ik vind je leuk,' zegt Charlotte. 'Heel erg leuk zelfs. En dáárom kan ik niet goed meer nadenken.'
'Sorry,' zegt meester Moessa. 'En ik vind jou ook leuk.'
Even staren ze elkaar aan zonder iets te zeggen. Maar dan verzamelt meester Moessa moed. Hij heeft vandaag bergen verzet, dit laatste bergje kan er ook nog wel bij. 'Zullen we pizza bestellen?' vraagt hij.

Esther Walraven

GROEP 8 REDT DE TOEKOMST

Het is nog vroeg in de ochtend als Fay achter haar tweelingbroer Quinten het schoolplein op loopt.

'Wat is hier aan de hand?' vraagt Quinten zich hardop af. 'Het is nog niet eens acht uur en nu al zo druk hier.'

Fay ziet meteen wat haar broer bedoelt. Op het plein wemelt het van de kinderen, die in groepjes bij elkaar staan. Naast het fietsenhok staat een hele groep ouders druk met elkaar te praten. Ze lijken wel boos.

'Schandalig, dat kunnen ze echt niet maken,' hoort ze de moeder van haar klasgenootje Ziva zeggen.

'We moeten in opstand komen!' roept een vader.

'Ja! Actie!'

Fay vraagt zich af wat ze bedoelen, maar voor ze erover na kan denken, stormt Amar al op hen af. 'Hebben jullie het al gehoord? Ze gaan de school afbreken!' roept hij. 'Dat kán toch niet?'

Fay kijkt naar het grote gebouw voor hen. Een prachtige school, al bijna honderd jaar oud, met van die hoge ramen.

'Hoezo afbreken?' vraagt Quinten ongelovig. 'Waar moeten wij dan naartoe?'
'Geen idee. Maar dat laten we natuurlijk niet zomaar gebeuren. We gaan actievoeren. Doen jullie mee?'
'Ja, natuurlijk, actie!' roept Quinten. Hij gooit zijn rugzak onder de dikke eikenboom midden op het plein en loopt met een gebalde vuist achter Amar aan. 'De school moet blijven!'
Fay laat haar rugzak van haar schouders glijden en zet hem op de rand van de zandbak. Hun mooie school afbreken? Waarom zouden ze dat willen doen?
Dan komt haar bestie Noor naar haar toe. 'Kom, Feetje, meedoen!' Ze trekt haar mee aan haar arm en niet veel later stampen ze met een grote groep andere kinderen in optocht over het plein. 'Actie! Actie!' roepen ze. En: 'De school moet blijven!'

'Jullie hebben het vast gehoord,' begint meester Art als ze even later in de klas zitten. 'De gemeente heeft het voornemen om deze school te gaan sluiten en af te breken. Het schoolgebouw is te oud en omdat we steeds minder leerlingen hebben, vinden ze het niet meer de moeite waard om het gebouw op te knappen.'
Meteen barst het rumoer in de klas los.
'Waar moeten wij dan naartoe?' vraagt Amar, die helemaal achterin zit. 'Moeten we zeker elke dag helemaal naar het volgende dorp fietsen? Echt niet!'
'Dat kunnen ze toch niet zomaar doen?' roept Quinten. 'We moeten actievoeren.'
'Handtekeningen verzamelen,' oppert Ziva.
'Jongens, jongens, rustig. Zo'n vaart zal het niet lopen. Voordat het zover is, zijn jullie al van school af.'
'Maar mijn zusje dan? Die moet nog vier jaar hier,' pareert Noor. 'De school heet toch niet voor niets De Toekomst?'
'We moeten iets doen!' valt Fay haar bij. 'De Toekomst moet blijven.'
'Oké, ik weet het goed gemaakt,' zegt meester Art. 'Laten we een actieplan opstellen. We skippen de aardrijkskundeles vandaag en

in plaats daarvan gaan we aan de slag met het bedenken van ideeen om onze school te redden. Ik zal het er straks in de pauze over hebben met juf Conny. Zij zal hier, als directeur, vast helemaal achter staan. Maar nu eerst rekenen. Pak allemaal je werkboek.'

Die middag storten ze zich op het maken van een actieplan. 'Steek je vinger op als je een idee hebt, dan noteer ik alles op het digibord,' had de meester gezegd. Meteen vlogen de vingers omhoog. Het scherm staat inmiddels vol met voorstellen, die ze een voor een verder gaan uitwerken. Fay vraagt zich af hoe ze dit moeten gaan aanpakken, er is zoveel te doen.
Maar daar heeft meester Art wel een oplossing voor. 'We gaan de taken verdelen. Wie maakt de spandoeken?'
Amar, Quinten, Jeremy en Mitch mogen hier als eersten mee beginnen. Fay en Noor krijgen samen de taak een protestbrief te schrijven.
'Hoe moet dat, een protestbrief schrijven?' vraagt Noor.
'Nou, gewoon, schrijven waarom we het er niet mee eens zijn, denk ik,' oppert Fay. Eigenlijk weet ze het ook niet precies, maar dat wil ze haar vriendin niet laten merken. 'Zullen we eerst een lijstje maken met redenen waarom de school moet blijven?'
Noor knikt en pakt haar etui uit haar la, en ze beginnen.
Fay is net bezig met schrijven als juf Conny binnenkomt. 'Zo, hier wordt hard gewerkt, zie ik. Wat geweldig om te zien hoeveel hart jullie voor onze school hebben. Meester Art, ik kom even zeggen dat we donderdag een grote demonstratie willen houden voor het gemeentehuis. De hele school doet mee. Ik wilde vragen of jullie spandoeken willen maken, maar ik zie dat daar al aan gewerkt wordt. Top!'

'Mees, gaan we vandaag weer verder met de spandoeken?' vraagt Amar de volgende ochtend, terwijl hij naast Fay gaat zitten.
Hij zet een tas vol metalen blikken op tafel. Fay kan niet goed zien wat het is.

'Ik heb de spuitbussen van mijn broer meegenomen. Dan kunnen we de teksten lekker groot op het doek spuiten.'
'Goed idee, Amar,' zegt de meester. 'Maar vanochtend hebben we daar helaas geen tijd voor, want we krijgen bezoek, weten jullie nog?'
Fay knikt. De meester had gezegd dat er vandaag iemand komt vertellen over de oorlog. Iemand die zelf ook juf is geweest op deze school. Fay is benieuwd hoe ze eruitziet en wat ze heeft meegemaakt.
'O ja, die mevrouw,' hoort ze Quinten zeggen.
'Precies. Mevrouw Aaltje Westerman komt vandaag in onze klas vertellen over haar ervaringen in de oorlog. Omdat het bijna 5 mei is, Bevrijdingsdag, besteden we deze week extra aandacht aan de Tweede Wereldoorlog. Mevrouw Westerman kan ons er van alles over vertellen. Pakken jullie alvast jullie vragen erbij? Dan ga ik haar uit de koffiekamer halen.'
Even later komt de meester terug met aan zijn arm een kleine, oude vrouw in een donkerblauwe jurk met een grote bruinleren tas om haar smalle schouders. Haar grijze haar heeft keurige krullen. Ze heeft lieve ogen die Fay doen denken aan haar oma.
Meester Art biedt haar een stoel aan en zet een glas water voor haar neer.
'Jongelui, dit is mevrouw Westerman. Zij heeft als kind de oorlog én de bevrijding meegemaakt. Ze was toen elf. Vandaag komt mevrouw Westerman jullie vertellen hoe dat was. Wie wil er als eerste een vraag stellen?'
'Hoe oud bent u?' roept Mitch, zonder zijn vinger op te steken.
Fay krimpt een beetje in elkaar. Wat een onbeleefde vraag. Bovendien kan hij het antwoord zelf ook wel uitrekenen. Als ze elf was tijdens de bevrijding, dan is ze nu...
'Mitch! Zo doen we dat niet,' roept meester Art hem tot de orde. 'Ten eerste steek je altijd je vinger op als je een vraag wilt stellen. Ten tweede vraag je een vrouw niet naar haar leeftijd.'
Mevrouw Westerman grinnikt. 'Jongeman, je mag mijn leeftijd best

weten, hoor.' Haar stem kraakt een beetje. 'Ik ben heel blij dat ik al negenentachtig jaar hier mag rondlopen. Veel van mijn klasgenootjes uit de zesde klas, zoals ze groep 8 vroeger noemden, zijn er al niet meer. Ik hoop deze zomer mijn negentigste verjaardag te vieren!'

'Wow, vet oud!' roept Amar. De meester kijkt hem vermanend aan, waarop hij 'Sorry' mompelt.

Mevrouw Westerman lijkt het niet gehoord te hebben en rommelt in haar tas. Dan haalt ze een foto tevoorschijn en houdt hem omhoog. 'Kijk, zo zag ik eruit toen ik jullie leeftijd had.'

Op de foto ziet Fay een meisje met halflang haar voor een groot gebouw. Ze heeft een witte blouse aan met een donker vest eroverheen. In haar haren zit een grote strik. Ze kijkt heel serieus, maar Fay ziet dat het dezelfde lieve ogen zijn als die van de mevrouw voor haar.

Dan steekt Shamila haar vinger op. 'Op welke school zat u? Dat gebouw op de foto lijkt wel op onze school.'

'Ja, ik zat op dezelfde school als jullie, in deze klas, in een bankje daar bij het raam.' Ze wijst naar de plek waar Fay en Noor zitten.

Fay voelt haar wangen rood worden. Wat een gek idee dat zij nu op de plek zit waar die oude mevrouw tientallen jaren geleden, toen zij nog een kind was, ook al zat.

'Dit heette toen nog de Mariaschool. Het was een meisjesschool, er zaten dus alleen maar meisjes op.'

'Mag ik ook iets vragen?' vraagt meester Art, terwijl hij zijn hand opsteekt. 'Hoeveel kinderen zaten er toen in de klas?'

'Voordat de oorlog begon, waren de klassen best vol. Wij hadden tweeënveertig meisjes in de klas. Maar aan het einde van de oorlog waren er daar nog maar dertien van over.'

'Waar waren de andere kinderen dan gebleven?' vraagt Hajar.

'Tja, meisje, dat is een lang verhaal...' mevrouw Westerman zucht. Ze ademt diep in en begint te vertellen. 'Toen het oorlog werd, veranderde er veel. Voor de oorlog mocht ik gewoon met iedereen spelen. Ik speelde meestal met Reina, mijn beste vriendin, met wie

ik op school mijn bankje deelde. Na school gingen we bijvoorbeeld samen tollen met een priktol.'
Dromerig kijkt ze voor zich uit. Ze lijkt wel vergeten te zijn dat ze aan het vertellen was. Dan kijkt ze op en gaat verder.
'Aan het begin van de oorlog moesten sommige kinderen ineens gele sterren op hun kleding gaan dragen. Ook Reina kreeg zo'n ster op al haar kleren. Ik vond het eigenlijk wel mooi; ik snapte niet waarom ik er geen kreeg. Maar mijn moeder legde uit dat de Duitsers hadden besloten dat alle joodse mensen zo'n ster moesten dragen. En ik was niet joods. Reina wel. Vanaf dat moment mocht Reina steeds minder. Ze mocht niet meer naar onze school, maar ze moest naar een aparte joodse school, aan de andere kant van de stad. Alle joodse kinderen moesten daarheen. Ze mochten ook niet meer in het zwembad komen of in de bibliotheek of het park. Joodse mensen mochten steeds minder.'
'Dat is toch discriminatie? Dat mag helemaal niet.'
Fay ziet meester Art achteromkijken naar Amar, maar voor hij er iets van kan zeggen dat Amar alweer door de klas roept, gaat mevrouw Westerman al verder.
'Inderdaad, dat is discriminatie. Daarom is het ook zo erg. En daarom vind ik het belangrijk om hierover te komen vertellen, want dit mag echt nooit meer gebeuren!'
'Wat is er met Reina gebeurd?' vraagt Selim. 'Hebt u haar na de oorlog nog gezien?'
Mevrouw Westerman schudt haar hoofd. 'Nee, helaas, van de ene op de andere dag was ze verdwenen. Ik ging naar haar huis, maar dat bleek verlaten. Terwijl ik door het raam naar binnen stond te gluren, kwam er een buurvrouw naar buiten. Zij vertelde dat het hele gezin midden in de nacht door Duitse soldaten was meegenomen. Met een koffertje in haar hand en een knuffelbeer onder haar arm geklemd was Reina in een vrachtwagen gestapt. Ik heb haar nooit meer gezien.'
'Wat erg zeg,' fluistert Fay. Haar keel wordt dichtgesnoerd bij het idee dat ze Noor nooit meer zou kunnen zien. Ze klemt haar kiezen

op elkaar om te voorkomen dat ze gaat huilen. Dan legt Noor haar hand op Fays arm en komen de tranen alsnog. Met haar mouw veegt ze ze weg. Ze ziet dat Amar en Quinten het hebben gezien, maar die zeggen er niets van. Iedereen is muisstil.
'Heel veel joodse mensen zijn omgekomen in de vernietigingskampen. Reina was er één van.' Het blijft stil. Achter in de klas hoort Fay de klok tikken.
'Heel lang hoopte ik nog dat ze gewoon een tijdje ergens anders was gaan wonen, om zich te verstoppen voor de Duitsers. Onderduiken heette dat. Ik stelde me voor dat ze bij lieve mensen woonde die goed voor haar zorgden en dat ze weer naar huis zou komen als de oorlog was afgelopen. Ik besloot haar brieven te gaan schrijven, zodat ik die aan haar kon geven wanneer ik haar weer zag.'
'Wat een goed idee,' zegt Ziva.
'Met mijn kroontjespen en inkt schreef ik lange brieven aan Reina. Elke dag schreef ik op wat er gebeurd was en wat we hadden gedaan, zodat ze niets hoefde te missen. Ik bewaarde ze in de klep van mijn bankje. Dat hadden we toen, zo'n tafeltje dat ook een klep was waar je van alles in kon bewaren, net zoals jullie doen in je laatje. Maar toen kwam de Hongerwinter.'
'Hongerwinter?' vraagt Mitch. 'Hadden jullie dan niets te eten?'
Mevrouw Westerman knikt. 'Omdat er te weinig van van alles was, konden we tijdens de oorlog alleen eten kopen met voedselbonnen. Aardappels, brood, suiker, dat soort dingen kon je alleen kopen als je bonnen had. Maar aan het einde van de oorlog kon je zelfs dat niet meer kopen; er was een groot tekort aan alles. We hadden dus eigenlijk altijd honger. Koken konden we trouwens sowieso niet meer, want alle brandstof was op. Mijn vader had samen met mijn broer en een paar buurmannen een boom bij ons in de straat omgehakt en in stukjes verdeeld, zodat we het nog een beetje warm konden stoken. Maar toen ook dat op was, lagen we te rillen van de kou. Het vroor dat het kraakte en we zouden het niet lang meer volhouden. Mijn broer werd op hongertocht gestuurd; hij moest naar het platteland om te proberen eten te vinden bij een

boer. En op een nacht ging mijn vader, samen met de buurmannen, naar de school toe.'
Ze stopt even met praten en neemt een slok water.
'Wat gingen ze doen bij de school?' vraagt Quinten. 'Midden in de nacht?'
'Ik had de mannen horen praten voor ze weggingen. Ik lag in mijn bed, maar het was zo koud dat ik niet kon slapen. Toen was er ineens gerommel in de keuken. "Moeten we dit wel doen?" hoorde ik mijn vader vragen.
"We kunnen niet anders, er is nergens meer brandhout te krijgen," antwoordde de buurman. "Als we dit niet doen, vriezen we allemaal dood."
Toen vertrokken ze. Ik probeerde uit het raam te kijken, maar ik kon niets zien omdat er ijssterren op de ramen stonden.
De volgende ochtend stond er een grote mand hout in de woonkamer en brandde er een zacht vuurtje in de kachel. Snel ging ik erbij zitten om me op te warmen. Later kwam ik erachter dat ze het hout uit de kozijnen van de school hadden gehaald. De school was gesloten; het was te koud om nog les te geven. Maar toen dacht ik aan mijn brieven. Ik kleedde me zo dik mogelijk aan en vertelde mijn moeder dat ik ging proberen soep te krijgen bij de gaarkeuken. Maar in plaats van naar de gaarkeuken, liep ik naar de school toe. Het zag er verlaten uit. Gek ook, zonder ramen. Ik keek naar binnen en zuchtte van opluchting. Gelukkig, mijn bankje stond er nog. Ik ging naar binnen, opende de klep en kon wel huilen van geluk toen ik de brieven zag liggen. Alles was er nog. Ik pakte ze op en wilde ze in de zak van mijn vest stoppen, toen ik me bedacht. Als ik ze mee naar huis zou nemen, zouden ze waarschijnlijk in de kachel belanden. Ik keek om me heen. Toen zag ik een spleet in de muur, daar waar het hout was weggehaald. Het was een diepe spleet, de brieven zouden er gemakkelijk in passen. Niemand zou ze ooit opmerken. Ik besloot mijn brieven daar te verstoppen. Misschien kon ik ze na de oorlog weer ophalen. Ik duwde ze extra diep in de spleet.'
'Hebt u ze ooit opgehaald?' vraagt Hajar.

'Nee. Toen de oorlog was afgelopen, is de school weer opgeknapt. Er zijn nieuwe kozijnen in gezet. De brieven liggen dus voorgoed verstopt in deze muren.'
'Misschien niet,' roept Mitch. 'Ze zijn van plan om de school af te breken. Dan kunt u ze weer terugkrijgen.'
'Weet je, eigenlijk wil ik de brieven helemaal niet meer terug. Ik vind dat ze een goed plekje gevonden hebben. Hopelijk kunnen ze hier nog heel lang blijven.'
'Maar...' Amar veert op uit zijn stoel.
Voor hij verder kan praten, steekt mevrouw Westerman haar hand op. 'Na de oorlog hoorde ik dat Reina is omgekomen in concentratiekamp Auschwitz. Ze wilde later graag juf worden, maar zou dat nooit meer kunnen doen. Ik besloot in haar plaats juf te worden op deze school. Jarenlang heb ik lesgegeven aan de eerste klas, nu groep 3. Af en toe kwam ik een kijkje nemen in de zesde klas. En als dan niemand keek, stond ik heel stilletjes bij het raam en liet mijn handen even over de muur glijden, daar, waar jullie zitten.' Ze wijst weer naar Fay en Noor.
Fay kijkt naar de muur en slikt. Vlak bij de plek waar zij zit, liggen dus al jarenlang geheime brieven verstopt. Wat bijzonder.
'Ik weet zeker dat Reina het prachtig zou vinden als die brieven hier voor altijd zouden blijven.'
'Maar dan mag de school zeker niet worden afgebroken!' roept Amar, die zich nu echt niet meer kan inhouden.
Mevrouw Westerman krijgt een groot applaus en een bos bloemen en terwijl meester Art met haar de klas uit loopt, gaan de kinderen van groep 8 snel verder met het maken van de spandoeken.

'Jongelui, ik ben trots op jullie,' zegt meester Art die vrijdag. 'Ik vind dat jullie het geweldig gedaan hebben gisteren, bij het gemeentehuis. Helaas kon de burgemeester niet veel voor ons doen, maar dat betekent niet dat het doek voor de school al is gevallen. Als er ergens nog een pot geld wordt gevonden, is er misschien nog hoop voor De Toekomst.'

'Ja, dat zal wel,' bromt Jeremy. 'De gemeente heeft nooit ergens geld voor. Mijn ouders zeggen dat ze altijd zoeken naar dingen om op te bezuinigen.'
'Kunnen we geen crowdfundingactie opzetten?' vraagt Shamila.
'Of een fancy fair organiseren,' stelt Noor voor.
'Daar krijgen we nooit genoeg geld mee bij elkaar.' Quinten wuift de ideeën van Noor en Shamila weg. 'Zo'n verbouwing kost miljoenen.'
'Ik vrees dat Quinten gelijk heeft,' beaamt de meester. 'Er is echt heel veel geld nodig.'
Er klinkt geroezemoes in de klas. Hoe moeten ze aan zo veel geld komen?
Dan steekt Fay haar vinger op. 'Ik denk dat ik wel een idee heb, meester.'

*** Drie jaar later ***

'Geachte aanwezigen,' klinkt het door de boxen op het schoolplein. Fay voelt een zenuwachtig gekriebel in haar buik. Ze is al een tijd van school af, maar wilde dolgraag samen met haar broer bij dit belangrijke moment op haar oude basisschool zijn. Het plein staat vol met kinderen en een heleboel volwassenen. De school is feestelijk versierd met ballonnen en slingers.
De burgemeester staat op het podium dat groep 8 vanochtend in alle vroegte opgebouwd heeft. 'Welkom bij de feestelijke opening van dit prachtige nieuwe centrum waar jong en oud samenkomen. Na twee jaar van verbouwen en vernieuwen is vandaag eindelijk het grote moment daar. Maar voordat ik het lint doorknip, wil ik u meenemen in het ontstaan van dit unieke project. En wie kan daar beter over vertellen dan de meester van de klas die dit bedacht heeft? Graag geef ik het woord aan... meester Art.'
Onder luid applaus stapt meester Art het podium op.
'Ehm...' Hij lijkt wel een beetje zenuwachtig. 'Dag allemaal, wat fijn dat jullie met zo veel mensen gekomen zijn. En een speciaal welkom

aan onze oud-leerlingen die drie jaar geleden dit plan bedachten om te voorkomen dat de school zou worden afgebroken. Want het leek erop dat dat zou gebeuren. We kregen steeds minder leerlingen en de school was dringend aan onderhoud toe, maar daar was geen geld voor. Totdat Fay met het briljante idee kwam om een deel van het gebouw te verbouwen tot zorgwoningen. Met de opbrengst daarvan konden we de vernieuwing van de school betalen. De ouders van Quinten en Fay, die zelf ook op deze school hebben gezeten, werken als projectontwikkelaars en wilden deze klus graag op zich nemen. En zo is het gekomen.'

Fay voelt haar wangen rood worden, maar gelukkig kijkt niemand naar haar. Het publiek applaudisseert, waarna de burgemeester weer het woord neemt.

'Fantastisch! Dank u wel, meester Art.' Hij geeft de meester een vriendelijk knikje. 'Dan is nu het moment aangebroken voor de officiële opening. Fay en Quinten, willen jullie naar voren komen om samen met mij het lint door te knippen?'

Quinten neemt een aanloopje en springt het podium op; Fay zou het liefste gewoon tussen het publiek blijven staan, maar volgt hem toch. Samen met de burgemeester knippen ze het lint door.

'Bij dezen verklaar ik De Toekomst voor geopend,' zegt de burgemeester plechtig.

Een gejuich stijgt op.

'Maar we zijn nog niet klaar, beste mensen,' gaat hij verder wanneer het applaus is verstomd. 'Want niet alleen de school wordt vandaag geopend, maar ook het zorgcentrum krijgt vandaag zijn eerste bewoonster.'

Vanaf de zijkant van het podium duwt meester Art de rolstoel van mevrouw Westerman het podium op.

'Ik overhandig nu de sleutel aan de eerste bewoonster van dit prachtige zorgcomplex, mevrouw Aaltje Westerman, die zowel leerling als juf was op deze school en nu het eerste appartement in gebruik mag nemen. Alstublieft, mevrouw Westerman.'

'Dank u wel, meneer de burgemeester,' zegt ze met krakende stem

als ze de sleutel van hem aanneemt. 'Ik weet zeker dat ik een fijne tijd zal hebben hier. En kinderen, als jullie eens bij me langs willen komen voor een spelletje of een plakje cake... jullie zijn altijd welkom. Ik kan jullie ook van alles vertellen over vroeger.' Ze kijkt even naar boven, naar de stralend blauwe lucht, en knikt dan naar het publiek. 'Bedankt, Fay, Quinten en alle andere kinderen die dit mogelijk hebben gemaakt!'
Gejuich barst los. Dan krijgt iedereen een glas bubbels en proosten ze op De Toekomst.

Fedor de Beer

DE GEEST VAN HET EINDFEEST

'*And now for something completely different*... de Tachtigjarige Oorlog!'
Verbaasd keek groep 8 van basisschool Adalbert op van hun tekenvellen. Gingen ze serieus nú geschiedenis doen?
'Maar mees,' riep Ferhat verschrikt, 'we gaan toch niks leren nu? De eindtoets is allang geweest, dus dat heeft helemaal geen zin meer!'
'En de bel gaat zo,' vulde Senaiga naast hem aan. 'En het is vrijdag. Trouwens, de Tachtigjarige Oorlog hebben we al gehad in groep 7, hoor. Die hoef ik niet nog een keer!'
Meester Reno hief bezwerend zijn handen op. 'Ho, jongens, denken jullie serieus dat ik jullie nog iets wil bijbrengen?' Verontwaardigd keek hij de klas rond, maar de twinkeling in zijn ogen verraadde dat hij er niets van meende. 'Natuurlijk gaan we nu geen geschiedenisles doen, maar...' met zijn wijsvinger tikte hij tegen zijn lippen om de klas doodstil te krijgen, 'ik wil jullie wel even waarschuwen...'
Alsof er een veer onder zijn billen losschoot, vloog Tijmen op.

‘Waarschuwen waarvoor, meester? Voor de Tachtigjarige Oorlog?’
‘Nee, die is gelukkig allang voorbij.’ De meester knipoogde. ‘Het gaat om het eindfeest.’
Met opgetrokken wenkbrauwen keken Tijmen, Senaiga en Ferhat elkaar aan. Het eindfeest was hún pakkie-an. Hun tafelgroepje was de feestcommissie. Zij mochten het thema bedenken, de gymzaal versieren, de hapjes regelen...
‘Doe niet zo vaag, mees!’ Senaiga stuiterde op haar stoel. ‘Gaat het niet door dan? Door die Tachtigjarige Oorlog? Maar dat kan niet, want vorig jaar...’
Meester Reno zuchtte.
Ineens keek hij een stuk somberder, vond Tijmen.
‘Ga gewoon even rustig op je stoel zítten, Senaiga. Jij ook, Tijmen. Ik zal het uitleggen.’ Hij keek de klas rond. ‘Weet iemand van jullie nog wat er tijdens de Tachtigjarige Oorlog hier in de buurt van Mook gebeurde?’
‘Tuurlijk,’ riep Ferhat. ‘De Slag op de Mookerheide. 14 april 1574!’
Meester Reno gaf hem een boks. ‘Goed onthouden! Tijmen, weet jij nog wie tegen wie vocht toen?’
Tijmen keek verbaasd op. Dit soort vragen kon je beter aan Ferhat stellen. ‘De Duitsers?’ zei hij aarzelend.
‘Nee, man,’ riep Ferhat, ‘de geuzen. Tegen de Spanjaarden.’
‘Juist,’ zei meester Reno. ‘Mook is beroemd vanwege de Slag op de Mookerheide. Niet dat het hier toen gezellig was, hoor. Zoals jullie vorig jaar hebben geleerd, sneuvelden hier twee jongere broers van Willem van Oranje en verloren de geuzen niet alleen een paar duizend soldaten maar óók enkele kisten vol goud. En erger nog, door het oorlogsgeweld raakten de inwoners hier vrijwel alles kwijt wat ze bezaten. Wie pech had, verloor die dag zelfs zijn leven.’
Hij tikte op het digibord en er verscheen een pentekening van een meisje van een jaar of twaalf met een kapje op en twee vlechten. ‘Dat gold bijvoorbeeld ook voor Trude. Als boerendochter kende zij de omgeving op haar duimpje. Toen de geuzen in de pan werden gehakt en op de vlucht sloegen, probeerde zij ze te helpen ont-

snappen.' De meester schudde mistroostig zijn hoofd. 'Maar ze werd betrapt en hier aan een Spaanse lans geregen.' Hij tikte met zijn rechtervoet op de vloer van het klaslokaal. 'Hier, precies hier waar nu onze school staat, stierf ze.' Terwijl hij uitbeeldde hoe de lans haar in haar buik trof en ze nog een paar meter doorwankelde voor ze stierf, liep meester Reno naar de deur. 'En sindsdien wordt ze één keer per jaar gezien hier op school. Altijd in de laatste schoolweek, 's avonds op... het eindfeest.' Hij knipte het licht uit, liet zich met een bons op de grond vallen en lachte hard en hol. 'Whahahahaha... hahaha...'

'Wat is-ie toch een mafkees!' Senaiga stootte Tijmen aan. 'Ik schrik me dood!'

'Ja,' fluisterde Tijmen, terwijl hij de meester, die nu weer opkrabbelde, argwanend in de gaten hield. Voor je het weet, veranderde hij in een zombie of zo. Met meester Reno wist je het nooit...

'Maar goed,' zei de meester droog toen hij weer recht stond en het licht aanknipte, 'Trude dus. En ze voert groep 8 – jullie dus – zo mee de school uit als jullie niet oppassen... Jullie zijn gewaarschuwd! Whahahahaha... hahaha...' Hij zwaaide de deur van de klas open. 'Prettig weekend, jongens, en tot volgende week!'

'Denken jullie dat het waar kan zijn?' vroeg Senaiga toen de eindfeestcommissie die middag bij Tijmen in de achtertuin achter een glas cola zat.

'Wat? Dat van die geest?' Ferhat lag dubbel. 'Natuurlijk niet, joh. Mees houdt ons voor de gek! Doet-ie altijd, toch?'

'Maar het is wel een leuk thema voor het eindfeest: geesten!' zei Tijmen.

Senaiga knikte. 'En dat samen vertrekken, is ook wel grappig. Misschien moeten we dat organiseren aan het einde? Dan loopt de meester voorop en lopen we zo de basisschool uit!'

Een meisje met blauw haar waar paarse strengen doorheen liepen kwakte een pak roze koeken op de tuintafel. 'Jullie voer. Moest ik geven van ons mam.'

'*Thanks*, Sanne,' zei Senaiga. 'Gaaf haar heb je!'
Sanne haalde haar schouders op. 'Op de middelbare is dat heel gewoon, hoor.'
Tijmen keek zijn zus boos aan. 'Weg, San! Je verstoort onze vergadering.'
'O ja, jullie mogen het eindfeest organiseren, hè?' Ze rolde met haar ogen. 'Maak er maar een lekker schuifelfeest van, broertje, kun je eindelijk zoenen met Fenna.'
Senaiga barstte in lachen uit. 'Ja, dat zou wat zijn!'
Tijmen probeerde Sanne een schop te geven, maar zijn zus was te snel. Ze liep om hem heen en deed net alsof ze Ferhat een kus wilde geven. Die deinsde geschrokken zo ver achteruit dat hij met stoel en al achterover klapte.
'Succes met vergaderen...' zei ze hoofdschuddend. 'Met jullie drie gaat dat vast goed komen. Ik ga weer verder met grotemensendingen! *Bye, babies!*'
'We schelen maar één jaar,' riep Tijmen haar achterna. 'Puber! Brugwup!' Hij grinnikte toen hij Sannes middelvinger voor het keukenraam zag dansen. 'Dat zeggen mijn ouders altijd om haar te jennen. Wordt ze helemaal lijp van.'
'Ik vind wel dat Sanne een punt heeft,' zei Senaiga toen ze alle drie weer om de tafel zaten en ieder in een grote, roze koek beten. 'We móéten schuifelmuziek hebben. Dat heb ik alle meisjes in de klas beloofd.' Ze keek Tijmen aan. 'Fenna stond er zelfs op!'
Ferhat proestte.
'Rosa ook trouwens, Ferhat,' zei Senaiga pesterig.
'Oké, oké,' mompelde Ferhat. 'Prima dan. Maar ik vind ook dat we de meester te grazen moeten nemen. *It's payback time!* Ik schrok me daarstraks de apenpokken toen hij daar zo eng lag te lachen.'
Tijmen knikte. 'En vorige week op kamp liet hij expres het alarm afgaan zodat hij ons nat kon spuiten toen we in onze pyjama's naar buiten stormden.'
'Ja, en in de pauze van de eindtoets had hij stiekem op elke stoel een scheetkussen gelegd.' Senaiga giechelde. 'Ik deed het bijna in

mijn broek van het lachen.' Ze sprong op. 'Maar dat verhaal van vanmiddag vond ik wel eng, hoor. Moet je je voorstellen: een meisje vermoord op onze school!'
'Nou, op het terrein waar onze school nu staat,' zei Ferhat snel. 'Het is zo'n vierhonderdvijftig jaar geleden, hoor, als het al waar is.'
'Mijn moeder zegt anders dat er 's nachts over de Mookerheide nog heel wat lichtjes dwalen,' antwoordde Senaiga. 'Dus het kan best...'
Ferhat en Tijmen tikten tegelijkertijd met hun wijsvinger tegen hun voorhoofd.
'Allemaal flauwekul,' zei Tijmen. 'Spoken bestaan niet... maar als de meester geesten wil op het eindfeest, kan hij ze krijgen!' Hij keek om zich heen en fluisterde: 'Ik heb een idee...'

'Het ziet er prachtig uit.' Senaiga veegde het zweet van haar voorhoofd en keek tevreden de gymzaal rond. Overal hingen slingers en ballonnen, met hier en daar wat vrolijke spoken. 'Morgen gebruiken we deze klaptafel hier voor de hapjes en daar leggen we de grote fotolijst neer, voor wie nog een laatste keer met elkaar op de foto wi...'
Bam!
Met een knal sloeg een van de bovenramen dicht, meteen gevolgd door de deur naar het schoolplein en die naar de kleedkamers.
Geschrokken keken de kinderen elkaar aan.
'Wat was dat?' vroeg Tijmen. 'Het is windstil buiten!'
'Het is gewoon de meester,' zei Ferhat. 'Wedden?'
Hij rende naar de deur naar het schoolplein en gooide hem open. 'Gesnapt, mees...'
Maar er was niemand te zien. Het plein lag er verlaten bij.
Verbaasd liep hij terug naar Tijmen en Senaiga. 'Niemand!' zei hij.
Op dat moment begon het tl-licht hoog in de gymzaal te knipperen en ineens knalde het bovenraam weer open.
Tijmen en Ferhat kropen tegen Senaiga aan. Als versteend staarden de drie naar boven.

Een lange slinger met ballonnen dwarrelde langzaam naar beneden.
Pok, pok, pok.
Uit het materialenhok klonk het geluid van wel vijftig ballen die van de plank waar ze lagen op de grond stuiterden.
'Wat ís dit!' zei Senaiga. Ze kauwde zenuwachtig op de punt van haar lange vlecht. 'Ik ben vandaag wel tien keer in dat hok geweest. Net nog. Daar is echt niemand!'
'Leuk!' klonk ineens een zangerige meisjesstem van achter hen. 'Het wordt een geestenfeest dit jaar. Hihi... hi!'
Met een ruk draaiden de kinderen zich om, maar er was niemand te zien.
Wel klapte een van de poten van de klaptafel dicht en de hele tafel stortte rammelend op de grond.
Dat was de druppel...
'Wegwezen!' riep Tijmen. Hij gooide de deur naar het plein open en sprintte ervandoor, direct gevolgd door Ferhat en Senaiga.

'Die geest bestaat echt!' Hijgend plofte Senaiga bij Tijmen thuis neer op een keukenstoel. 'Ik zweer het je. Die stem, die was echt niet van de meester of zo. Creepy! En dan die slinger met ballonnen! Die hing hartstikke hoog.' Ze keek veelbetekenend naar Ferhat en Tijmen. 'Mijn vader heeft hem vanmiddag zelf vastgeknoopt en de ladder weer mee naar huis genomen. Die trek je echt niet zomaar even los, hoor!'
'Nee, die tafel dan!' riep Tijmen. 'En ik stond er gewoon naast, hè!'
'En nu?' Ferhat woelde door zijn haar. 'De deur naar het schoolplein staat nog open en het licht is aan... De meester ontploft als we niet netjes afsluiten.'
'No way dat ik terugga!' piepte Senaiga. 'Morgen misschien, als het weer licht is.'
Tijmen knikte instemmend.
'Hé, babybroertje, je ziet eruit alsof je spoken hebt gezien.' Sanne liep door de keuken naar de koelkast en schonk zichzelf een groot glas karnemelk in.

'Sanne, wist jij dat het spookt op school?' vroeg Senaiga.
'Op die kleuterschool van jullie?'
'Ja,' zei Ferhat. 'De meester waarschuwde al dat het zou spoken op het eindfeest. Dat iemand ons zou komen halen. Nou, daarnet tijdens het versieren van de gymzaal sloegen in één klap alle ramen en deuren dicht, vielen de poten onder een tafel uit en giechelde iemand iets. En dat terwijl er niemand te zien was...'
Sanne glimlachte. 'O ja! Trude komt natuurlijk morgen!'
'Wat weet jij van Trude?' vroeg Tijmen argwanend.
Stralend keek zijn zus hem aan. 'De geest van Trude komt toch elk jaar op het eindfeest. Heeft meester Reno dat niet verteld? Vorig jaar op mijn eindfeest was ze er ook bij.'
Vol ongeloof staarden de drie haar aan.
'En jullie zijn zojuist bang weggerend?' Sanne klapte bijna dubbel van het lachen. '*Come on!* Je bent toch niet echt bang voor een beetje geest, broertje. Na de vakantie moet je naar de brugklas. Daar zitten pas echt engerds.' Ze trok het vel van haar gezicht strak. 'Zoals die griezel die ik heb voor wiskunde. Man, díé is pas eng.' Ze draaide haar ogen weg in haar kassen. 'En die leeft nog. Nou ja, een soort van dan.'
'Even serieus...' Senaiga keek Sanne doordringend aan. 'Die Trude was vorig jaar op jullie eindfeest? En wat...? Hoe...?'
Sanne haalde haar schouders op. 'Je hoeft niet bang voor haar te zijn, hoor. Ze hoort gewoon bij onze school. Ik vond haar wel chill, al heeft ze een groot bloederig gat in haar buik. Maar dat leidt alleen af als je met haar praat,' zei ze geruststellend.
'Getver!' Senaiga rilde. 'Ik weet niet of ik nog wel terug durf. Dadelijk brengt ze dat hele vermoorde geuzenleger mee en staan wij daar met zijn drieën.'
'Jullie zijn zó niks gewend,' zei Sanne. 'Ik loop wel even mee. Wie wil mijn hand vasthouden?'

'Zo, dat is dat.' Sanne draaide zich om en gaf de sleutel aan Ferhat. 'Zie je wel, niets aan de hand. Morgen laat ze zich pas zien, dat doet ze altijd.'

'Geloof jij haar?' fluisterde Tijmen toen ze achter Sanne aan terug naar huis liepen.
Ferhat schudde zijn hoofd. 'Het moet de meester zijn geweest. Dat kan niet anders, want spoken bestaan niet.'
'Heb jij de meester ooit zo horen giechelen?' beet Senaiga hem toe.
'Nee, maar daar zijn genoeg computertrucjes voor. Trouwens ook om een meid met een gat in haar buik te laten verschijnen, maar ik geloof niet dat dat morgen gaat gebeuren,' zei Ferhat. 'Veel te technisch voor de meester. Het is gewoon bangmakerij en je zus speelt het spelletje mee!' Hij keek Tijmen aan.
'Ik weet het niet,' zei hij. Natuurlijk vond Sanne het heerlijk om hem op stang te jagen, maar daar hoefde ze geen spook voor te spelen. En geen van drieën had haar iets gezegd over Trude en die wond aan haar buik. Blijkbaar was die geest er echt al vaker geweest. 'Maar als ze elk jaar op het eindfeest komt, waarom is Sanne dan pas de eerste die ons er iets over zegt?'
'De tweede,' verbeterde Ferhat hem. 'De meester was de eerste.'
'En zij zat vorig jaar bij hem in de klas...' mompelde Senaiga. 'Dus het zou kunnen...'
'Jongens, serieus,' Ferhat stak zijn armen in de lucht, 'laat je nou niet opnaaien door de meester en die maffe zus van je. Ik stel voor dat we ons aan ons pak-de-meester-terug-plan houden...'

***

Het eindfeest

Om halfacht reed een limousine het schoolplein op en stopte precies bij de rode loper om zeven achtstegroepers af te zetten. Daarna reed diezelfde limousine een rondje om de volgende groep leerlingen op te pikken.
Iedereen zag er prachtig uit. Tijmen, net als Ferhat in een deftig zwart pak met gouden strikje, kon zijn ogen niet afhouden van Fenna, die in een glitterende, zilveren prinsessenjurk naar binnen

schreed. Senaiga had haar haar in wel duizend vlechtjes gevlochten en die opgerold tot een feestelijke knot boven op haar hoofd, met in de top een papieren parapluutje in dezelfde kleur lila als haar jurk.
Meester Reno kwam aanrijden in zijn eigen Mini en had een oogverblindend ruitjespak aan. 'De meester is binnen, het feest kan beginnen!' riep hij lachend toen hij de drempel over stapte en naar de ouders zwaaide. 'Niet storen tot elf uur vanavond!'
Even stonden de kinderen uit groep 8 wat schaapachtig naar elkaar te kijken, toen liep Fenna naar de dj toe en fluisterde iets in zijn oor. Niet veel later klonk er schuifelmuziek door de gymzaal. Het was alsof de meisjes het hadden afgesproken. Allemaal trokken ze een jongen de vloer op – Senaiga koos voor de meester – en al snel stond iedereen te schuifelen, te swingen, te springen, te...

'Gaat lekker, hè?' schreeuwde Senaiga tegen Tijmen, die nu al zeker drie nummers dicht tegen Fenna aan danste.
'Ja,' schreeuwde hij terug. 'Maar het wordt tijd voor onze prank!'
Toen het nummer afgelopen was, liet hij Fenna met iets van teleurstelling los en liep met Senaiga naar Ferhat.
'Wanneer zullen we het doen?' vroeg Ferhat. 'Dadelijk zijn we te laat. Kruip jij vast in het toestel, Tijmen, dan ga ik de meester halen voor zijn afscheidsspeech.'
Tijmen en Senaiga sjorden de bovenkant van de kast, het gymtoestel waar ze het afgelopen jaar zo vaak overheen hadden gesprongen.
'Snel,' zei Tijmen. Terwijl hij spiedend rondkeek waar de meester uithing, trok hij een doodshoofdmasker voor zijn gezicht en dook in de holle kast. 'Schuif maar dicht,' fluisterde hij tegen Senaiga.
Het werd donker in de kast toen de bovenkant weer op zijn plek schoof. Tevreden spiekte Tijmen door een van de grijpgaten. Precies op tijd, daar kwam de meester al aan! Wel dom dat hij dat masker al ophad. Nu zag hij vrijwel niets. En die kast was zo krap en die doeken links van hem voelden zo warm...

Mijn lieve achtstegroepers.
Jullie laatste avond als leerlingen van de basisschool!
Dit...

Doeken? Tijmen voelde paniekerig om zich heen. Zo'n kast was hol. Die had geen bodem. Hoezo lagen er doeken in en waarom was dat ding zo krap...? Vanmiddag toen ze het uitprobeerden, was het helemaal niet krap. En toen voelde die linkerkant ook niet zacht, net alsof...

...jaar waren jullie de oudsten van de school.
Komend jaar zijn jullie de jongsten op de middelbare.

Links van hem bewoog iets! Er zat iets bij hem in de kast!
Tijmen wilde gillen, schreeuwen en zijn masker afrukken, maar hij verstijfde toen het iets tegen hem aan kroop.
Bij zijn oor fluisterde het zacht: 'Gezellig, hè, zo samen in de kast!'

Met jullie vertrek zo dadelijk wordt het weer leeg in groep 8.
En moet ik weer een heel jaar bouwen aan de nieuwe groep.
Maar zo is het leven van een mees...

Tijmen duwde het stoffige fluisterwezen hard van zich af en stond paniekerig op.
Bonk.
Met zijn hoofd knotste hij tegen de binnenkant van de kast. Met al zijn kracht probeerde hij het deksel open te duwen. Het ging stroef, net alsof de meester erop leunde, maar toen het wezen naast hem begon te piepen en te trillen, ontstond er in Tijmen een oerkracht en vloog het deksel van de kast.
'Help,' riep hij. 'Ze zit hier!' Eindelijk kreeg hij ook het masker los en wierp het weg.
Verbouwereerd staarde de meester hem aan. Een paar jongens begonnen verbaasd te lachen.
En toen rees ze langzaam naast hem op.

Een bleekwit meisje met vlechtjes en een bloederige vlek waar ooit haar buik had gezeten.
Trude.
Senaiga gilde, Ferhat wankelde naar achteren.
Kinderen probeerden weg te rennen, maar de meester stak ijzig kalm zijn hand uit. 'Welkom, Trude, je bent weer precies op tijd!'
Trude pakte zijn hand en leek zo de kast uit te zweven.
'Maar Tijmen,' zei meester Reno, 'wat deed jíj nou in die kast? Was dat niet wat krap met zijn tweeën?'
Struikelend klom Tijmen uit de kast en liep achteruit, weg van dat spook dat net nog samen met hem in die kast zat. 'We wilden jou laten schrikken,' hijgde hij. 'Maar toen voelde ik haar ineens...'
Trude draaide zich om en gleed in zijn richting terwijl hij wegkroop achter Senaiga en Ferhat. 'Ik ben Trude,' zei ze jammerend. 'Ik leid elk jaar groep 8 naar buiten. Jullie tijd op de basisschool is voorbij. Volg mij!'
Aan de hand van meester Reno gleed ze naar de deur. De meester gooide de deur open en onder luid applaus van de ouders liepen Trude, de meester en daarachter de verbouwereerde achtstegroepers het schoolplein op.
Als laatsten stapten Ferhat, Senaiga en Tijmen over de drempel.

In het licht van het kampvuur dat de conciërge had gestookt in de kleuterzandbak, verzamelde groep 8 zich om Trude en de meester. Het bleekwitte meisje rukte aan haar vlechtjes en haar hele hoofd kwam los. Langzaam werd er blauw haar zichtbaar. Knalblauw haar met paarse strengen.
'Dacht ik het niet,' mompelde Ferhat.
'Sanne?' riep Tijmen.
'Had je niet gedacht, hè broertje? En dan kroop je ook nog bij mij in de kast!'
De meester sloeg een arm om haar heen. 'Sanne was dit jaar onze Trude en de regel is: de oude Trude kiest de nieuwe uit. Sanne, aan jou de eer!'

Sanne keek de kring rond. 'Ik werd vorig jaar gekozen omdat ik het hardste gilde toen Trude verscheen. Tijmen, volgens mij was de hardste "help" vandaag van jou!' Ze reikte hem het masker met de vlechtjes aan. 'Volgend jaar is het jouw beurt!'

Het bleef nog lang onrustig bij het kampvuur.
Wat een onvergetelijk eindfeest, dacht Tijmen toen hij ruim na twaalf uur eindelijk achter zijn ouders en Sanne aan naar huis liep. En volgend jaar mocht hij er weer bij zijn. Als Trude, en reken maar dat hij die nieuwe groep 8 de stuipen op het lijf zou jagen!

In de gymzaal doofde een klein lichtje uit.
'Jammer dat het weer voorbij is,' verzuchtte een zangerige meisjesstem. 'Moet ik weer een heel jaar wachten!'